AF312644

MÉMOIRE

SUR LA FABRICATION

DE LA POUDRE A CANON.

MÉMOIRE

SUR LA FABRICATION

DE LA POUDRE A CANON,

PAR M. BRADDOCK,
Commissaire de l'Ordnance;

TRADUIT DE L'ANGLAIS AVEC NOTES ET REMARQUES,

PAR GABRIEL SALVADOR,
Capitaine d'artillerie,
Adjoint à la direction des poudres et salpêtres.

PARIS,
LIBRAIRIE MILITAIRE, MARITIME ET POLYTECHNIQUE,
DE J. CORRÉARD,
LIBRAIRE-ÉDITEUR ET LIBRAIRE-COMMISSIONNAIRE,
RUE CHRISTINE, N. 1.

1848.

PRÉFACE.

Il n'a pas été écrit en Angleterre un seul ouvrage qui traite de la fabrication de la poudre, et qui fasse connaître les meilleures méthodes de manipulation et d'épreuve.

C'est ainsi que s'exprime M. Braddock pour motiver la publication d'un traité intitulé *Memoir on gunpowder in which are discussed the principles both of its manufacture and proof,* Mémoire sur la poudre à canon où sont discutés les principes de fabrication et d'épreuve.

Il est en effet digne de remarque que, en Angleterre, dans ce pays qui a si longtemps revendiqué pour un de ses enfants, pour le moine Roger Bacon, l'honneur de l'invention de la poudre à canon, prétention du reste aussi peu fondée que celle qui naguère attribuait aussi à un Anglais, au marquis de Worcester, l'honneur de la première application de la vapeur comme force motrice des machines, il n'ait pas été écrit, depuis 1270, de nombreux ouvrages sur cette importante fabrication.

S'il faut même en croire l'assertion de Cambden, l'historien d'Elisabeth, assertion citée par Groze dans son ouvrage du *Military antiquities,* ce serait seulement sous le règne de cette princesse que la fabrication de la poudre à canon aurait été établie en Angleterre, tandis qu'il paraît certain que l'établissement du service des poudres remonte en France à 1336. *She was the first,* dit Cambden, en parlant d'Elisabeth, *who procured the gunpowder to be made in England :* elle fut la première qui prit les moyens de faire fabriquer de la poudre à canon en Angleterre, *that she might not pray and pay for it also to her neighbours,* afin de n'avoir pas à recourir à ses voisins pour en obtenir à prix d'argent.

Sans admettre cette assertion d'une manière absolue, on peut dire qu'elle semble confirmée par un passage de l'historien Hume, qui, en reprochant à Élisabeth d'avoir abusé, au détriment des intérêts généraux du commerce, des concessions de monopoles comme moyens de récompense pour le zèle de ses serviteurs les plus dévoués, comprend le salpêtre et le soufre dans la liste des monopoles concédés.

Quoi qu'il en soit, il ne paraît pas que la fabrication et la vente des poudres de guerre et de chasse ait jamais été exclusivement réservée, en Angleterre comme en France, aux agents du gouvernement. Cette fabrication est depuis longtemps dans le domaine de l'industrie privée, et la vente de ses produits appartient au commerce. Peut-être est-ce à cette double cause qu'il faut attribuer le manque d'ouvrages en Angleterre sur cette fabrication, chaque fabricant demeurant jaloux de tenir secrets les procédés de manipulation qui pouvaient donner la supériorité à ses produits.

Le mémoire de M. Braddock est destiné à combler cette lacune.

L'auteur est considéré en Angleterre comme un des hommes qui connaissent le mieux la fabrication des poudres.

Employé pendant longtemps à la poudrerie royale de Waltham-Abbey dont son père était maître raffineur, l'habileté connue de M. Braddock comme mécanicien et comme poudrier le fit choisir par le gouvernement de la compagnie des Indes pour être chargé de la direction des poudreries dans les possessions anglaises de ce pays. Après un exercice de plus de seize années dans ces fonctions, M. Braddock a rédigé sur la fabrication de la poudre un mémoire qui renferme les résultats de ses longues et intelligentes observations. Ce mémoire, soumis à l'examen d'une commission en septembre 1829, a paru renfermer des indications assez utiles pour que la commission ait demandé qu'il fût imprimé aux frais du gouvernement et distribué aux officiers d'artillerie.

En 1832, une seconde édition en a été publiée à Londres. Dans le savant rapport rédigé, en 1841, par M. le chef d'escadron d'artillerie Morin, depuis lieutenant-colonel et membre de l'Institut, sur l'état de la fabrication dans les poudreries anglaises, cet officier supérieur a cité plusieurs fois le travail de M. Braddock, et en a donné quelques extrait importants.

Ce travail forme un traité complet divisé comme il suit en plusieurs sections.

I. Parties constituantes de la poudre.
II. Pureté des matières.
III. Proportions.
IV. Procédés de manipulation.
V. Combustion de la poudre.
VI. Essai des poudres.
VII. Observations sur la fabrication.
VIII. Observations sur les méthodes d'épreuve.
IX. Appendice. — Raffinage des ingrédients.

Les trois premières sections ne renferment rien qui ne soit depuis longtemps connu et bien établi dans les ouvrages français que M. Braddock a souvent consultés; il donne seulement quelques détails importants sur la distillation du charbon en cylindres et sur les raisons qui doivent le faire préférer dans la fabrication de la poudre.

La section n° IV, qui traite des procédés de manipulation, est une des plus curieuses ; les principales questions relatives à l'influence de la densité, de la presse et du lissage sont examinées avec détail par M. Braddock.

Dans les dernières sections, on remarquera surtout des considérations pleines de justesse sur les imperfections des diverses méthodes d'épreuve et sur les difficultés que présentent les expériences comparatives.

Il est à regretter que le travail de M. Braddock soit limité à la fabrication des poudres de guerre, et ne donne aucune indication spéciale sur celle des poudres de chasse.

Longtemps avant la plupart des autres puissances étrangères, la France a obtenu dans la fabrication des poudres de guerre les diverses conditions d'usage, de conservation et de durée auxquelles ces poudres doivent satisfaire. Quant aux poudres de chasse, pour ces produits comme pour tous les autres de l'industrie anglaise, le fabricant et le commerçant ont une véritable supériorité dans les moyens de *faire valoir* la marchandise aux yeux du consommateur, séduit surtout par l'aspect et les propriétés extérieures des produits.

Aussi, quoique le docteur Ure ait écrit dans l'article consacré à la fabrication de la poudre de son Dictionnaire des arts et manufactures, publié en 1839 : *La supériorité de nos poudres de chasse tient à la même cause que la supériorité de nos cotonnades, à savoir le soin de nos fabricants dans le choix des substances et leur habileté dans les manipulations*, de nombreuses expériences comparatives faites avec l'attention la plus scrupuleuse et la plus impartiale permettent d'affirmer que, depuis que la fabrication par les meules a été introduite dans nos poudreries, ce n'est plus qu'à leur aspect brillanté et à la forme élégante des boîtes fermées d'un double ou triple sceau qui les renferme que les poudres de chasse anglaises doivent les avantages dont elles jouissent dans le débit.

Malgré certaines erreurs que l'on rencontre dans le mémoire de M. Braddock, surtout dans ses considérations théoriques, l'opinion d'un homme d'une habileté pratique incontestable a toujours une valeur réelle ; et il peut y avoir avantage à connaître les raisons qui lui ont fait adopter certains procédés, lors même que ces procédés ne seraient pas jugés les meilleurs. — C'est ce motif qui m'a déterminé à publier une traduction qui n'a été faite d'abord que dans un but d'études particulières en vue du service auquel je suis attaché.

Gabriel SALVADOR,
Capitaine d'artillerie, adjoint à la direction
des poudres et salpêtres.

MÉMOIRE

SUR LA

POUDRE A CANON.

❖

SECTION PREMIÈRE.

PARTIES CONSTITUANTES.

1. La poudre à canon est un mélange explosible et expansif composé de salpêtre, de charbon et de soufre. Les termes explosible et expansif ne sont pas employés ici comme synonymes, et ne peuvent se remplacer l'un l'autre, car une combinaison chimique peut avoir la propriété d'explosion à un plus haut degré que celle d'expansion. Les fulminates d'or, d'argent et de mercure, sont explosibles au plus haut degré, mais ils n'ont pas la même force d'expansion que la poudre à canon, et ne peuvent être employés pour les mêmes usages.

2. Des expériences faites à Woolwich avec du fulminate de mercure montrent que rien ne peut résister à l'extrême intensité de son action, mais que cette action ne s'exerce que dans des espaces très-limités. Une caronade avait été chargée avec une charge de ce fulminate et plusieurs boulets en

fonte. Les boulets ne furent pas lancés au loin comme ils l'eussent été par la poudre, mais ils sortirent en fragments, l'extrême intensité de l'action du fulminate les ayant brisés en morceaux.

3. Le charbon et le soufre sont des substances combustibles simples, tandis que le nitre est un composé triple de potassium, d'oxygène et d'azote. L'action chimique de ces divers éléments les uns sur les autres, et la puissance de leurs affinités à une haute température, donnent lieu aux terribles effets produits par la poudre à canon lorsqu'elle est enflammée.

4. L'introduction du soufre dans le mélange qui constitue la poudre à canon, est générale, mais ce corps n'est pourtant pas nécessaire à la production de la force expansive de la poudre, car le nitrate de potasse et le charbon seuls donnent un mélange qui sous le rapport expansif a des propriétés semblables à celles du composé ternaire. Cependant la poudre à canon faite sans soufre a plusieurs défauts. Elle n'est, en définitive, ni aussi puissante, ni aussi régulière dans ses effets que celle qui en contient. Elle est poreuse et friable, elle n'est ni dure, ni résistante, elle ne peut supporter les secousses du transport et se réduit aisément en poussier. Le rôle du soufre dans le composé ne paraît donc pas borné à compléter le mélange mécanique des autres éléments, mais étant lui-même un corps combustible, il accroît l'effet produit, augmente la force expansive, et de plus on croit qu'il rend la poudre moins susceptible d'être détériorée par les influences atmosphériques.

5. Il y a de bonnes raisons, dit l'Encyclopédie d'Edim-

bourg, pour l'emploi du soufre dans la fabrication de la poudre, quoiqu'il ne contribue point à la production des fluides élastiques. Mais l'acide carbonique qui est formé se combinerait sans aucun doute avec la potasse, n'était la présence du soufre, et il y aurait ainsi une grande quantité de fluide élastique perdu. C'est un fait connu qu'il se forme du carbonate de potasse toutes les fois que l'on décompose le nitrate de potasse avec le charbon seul. Ce fait se produirait dans de certaines proportions, pendant la combustion de la poudre à canon faite sans soufre; il y aurait formation d'une certaine quantité de carbonate de potasse.

6. Il a été établi par des expériences faites à Essonne en 1756, que le composé le plus puissant parmi ceux qui ne renferment pas de soufre, était formé de

Nitrate de potasse,	16 parties.
Charbon,	4 parties.

La force produite par ce composé était représentée par 9, mais par l'addition d'une certaine quantité de soufre on a obtenu un composé plus puissant avec les proportions suivantes :

Nitrate de potasse,	16 parties.
Charbon,	3 parties.
Soufre,	1 partie.

La force produite par la combustion de ce nouveau composé était représentée par 17 (c'est-à-dire presque double de la 1re). Ces proportions ont donné les résultats les plus élevés; elles correspondent à

Nitrate de potasse,	80
Charbon,	15
Soufre,	5
	100

Il résulterait de ces expériences, que le nombre représentant la force de la poudre faite avec soufre, est presque double de celui qui représente la force de la poudre qui ne renferme pas de soufre, ce rapport étant :: 17 : 9. Mais sans d'autres épreuves, la poudre faite sans soufre a donné des résultats égaux à ceux de la poudre qui en contient. On voit par là, combien il se présente de différences dans les expériences qui ont pour but la détermination de la composition et des propriétés de la poudre, et combien il y a de difficultés dans ce sujet d'études. Les expériences faites sur ces poudres dans le mortier-éprouvette français, avec une bombe de 60 livres, ont donné les résultats suivants :

COMPOSITION.	2 ONCES DE CHARGE.	3 ONCES DE CHARGE.
Sans soufre.	213 pieds de portée.	475 pieds de portée.
Avec soufre.	249 —	472 —

8. A ces résultats on peut ajouter le fait suivant : « M. Napier a fait fabriquer une certaine quantité de poudre ne renfermant que du nitrate de potasse et du charbon, et il a été étonné de trouver que 15 livres de cette poudre ont lancé une bombe de 13 pouces (33 cent.) à des distances aussi grandes que les meilleures poudres fabriquées avec les proportions réglementaires.

9. Enfin, on lit dans l'Encyclopédie de Rees : « Il paraît, d'après quelques expériences faites en France, que l'emploi du soufre est avantageux pour augmenter la force d'explosion, mais seulement dans les petites charges, car pour des charges de quelques onces, la force d'explosion, ou tout au moins de projection, est la même, soit que la poudre renferme du soufre ou qu'elle n'en contienne pas. » Ainsi dans des circonstances d'absolue nécessité on pourrait se dispenser de l'emploi du soufre dans la fabrication de la poudre à canon, tandis que le nitrate de potasse et le charbon sont des éléments nécessaires.

10. Le nitrate de potasse n'est pourtant pas le seul sel qui ait été employé dans la fabrication de la poudre. La proportion de ce sel dans le mélange a été diminuée et quelquefois même suppléée par un autre sel à base de potasse, savoir le chlorate de potasse.

11. Ce sel a été essayé en France, et plusieurs accidents ont résulté de son emploi dans le mélange avec les autres éléments qui forment la poudre à canon (1). Les Français ont pourtant réussi à fabriquer une poudre dont le chlorate de potasse était l'un des éléments; l'extrait suivant d'un ouvrage publié à Paris en 1811 (l'ouvrage de MM. Bottée et Riffault) prouve que la poudre ainsi fabriquée donnait des

---

(1) Une poudre de fabrication semblable fut proposée au gouvernement anglais en 1809. — Le général Congrève s'opposa à ce qu'elle fût adoptée à cause des dangers que présentait son usage pour les besoins du service.

portées doubles de celles produites par la poudre de guerre de bonne qualité.

12. Le rapport s'exprime en ces termes : On se servit pour en faire l'essai à la dose de 92 grammes d'un ancien mortier défectueux auquel on ne pouvait obtenir, pour la poudre de guerre de bonne qualité, qu'une portée moyenne de 187 mètres. La poudre au muriate oxygéné fut introduite dans la chambre du mortier, et le globe placé dans l'âme avec la plus grande circonspection ; on mit le feu au moyen d'un assez long morceau d'amadou. Le coup partit très-vivement, et le globe qu'on put à peine suivre des yeux dans l'air fut lancé à environ 381 mètres, et dans sa chute il l'enfonça si avant dans la terre, qu'on eut de la peine à l'y trouver et à l'en retirer.

13. Cette grande supériorité de portée doit être attribuée à l'extrême rapidité avec laquelle le chlorate de potasse se décompose. Mais cet avantage est plus que compensé par de graves inconvénients. Ce sel, base des capsules fulminantes employées par les chasseurs, détériore les armes plus vite et plus profondément que la poudre à canon, et les rend bientôt impropres au service. De plus, comme il s'enflamme par le simple frottement, la manipulation et l'usage en sont très-dangereux. Ce n'est point encore tout. De la poudre ainsi fabriquée et conservée pour des expériences chimiques, a fait explosion spontanément ; c'est donc un composé beaucoup trop dangereux pour être substitué à la poudre ordinaire, surtout dans le service militaire.

SECTION II.

PURETÉ DES MATIÈRES.

———

SALPÊTRE.

14. Le nitrate de potasse, nitre ou salpêtre, est le produit de la combinaison de l'acide nitrique avec un oxyde de potassium. Ce sel se trouve abondamment dans la nature, mais jamais à l'état de pureté. Il est toujours combiné avec d'autres sels et matières terreuses. L'opération qui a pour but de dégager le nitre pur de ces matières se nomme raffinage.

15. Feu le capitaine Bishop, ancien surintendant de la poudrerie de Madras, exprime cette opinion dans son mémoire sur la poudre, en date de décembre 1804 : que le salpêtre peut avoir une composition défectueuse et incomplète, qu'il soit formé par la nature ou produit par l'art (1). « C'est toujours du nitre imparfait, dit-il, qui a été importé du Bengale dans ces dernières années, et lorsque ce salpêtre de qualité défectueuse est raffiné d'une manière particulière et

---

(1) Il devient inutile dans l'état actuel de la science de réfuter l'assertion du capitaine Bishop. Tout le monde sait aujourd'hui que les combinaisons chimiques se forment toujours en proportions déterminées.

(Note du traducteur.)

qu'on y ajoute une certaine quantité d'acide nitrique pour
compléter la saturation, il passe à l'état de nitre parfait, et
donne une poudre de qualité supérieure qui, dans les épreuves avec le mortier de 10 pouces, fournit des portées plus
longues de 200 yards (182^m) que celles obtenues avec la
poudre faite avec du nitre imparfait. » Le capitaine Bishop
ajoute : « Le salpêtre est rarement obtenu dans cet état de
perfection, et s'il est défectueux, il n'est pas propre à entrer
dans la composition de la poudre. Parmi les nombreux
échantillons qui ont été soumis à l'essai, un seul a fourni
du nitre parfait, il provenait du docteur Heyne, qui, d'après
ce qu'il me dit, le tirait d'une localité auprès d'Ennaconda.
Cette qualité de nitre donnera une poudre qui, dans les
épreuves du mortier de 10 pouces, fournira des portées supérieures de 200 yards (182^m) aux portées ordinaires. »

16. Je rapporte cette opinion du capitaine Bishop, parce
qu'elle paraît appuyée par l'autorité d'épreuves faites,
parce qu'elle semble spécieuse, et enfin parce qu'elle soulève une curieuse et importante question. La nature pro-
duit-elle jamais du salpêtre d'une manière défectueuse et incomplète? Peut-on attribuer à cette cause les variations obtenues dans les effets produits par la poudre (1)?

17. Dans les écrits du capitaine Bishop sur la poudre, il

-----

(1) Que l'on n'attribue pas cette remarque à un sentiment d'envie,
car ce n'est pas un petit mérite pour le capitaine Bishop d'avoir
élevé les portées de 1,000 à 1,500 yards dans les épreuves du mortier
de 10 pouces.

(Note de l'auteur.)

y a, sans contredit, plusieurs observations importantes qui
sont le résultat de recherches expérimentales, et de véritables connaissances pratiques ; mais toutes ses applications
à la théorie et tous ses raisonnements sont tellement mêlés
avec des hypothèses et des analogies de pure imagination,
que les personnes qui ne sont pas initiées au sujet doivent
en être induites en erreur, et que celles-là même qui le com-
prennent ne doivent les recevoir qu'avec une extrême circonspection. Ainsi, sans aucun doute, puisqu'il le dit, le capitaine
Bishop a fait des poudres d'essai avec divers échantillons de
salpêtre, et il a trouvé que quelqu'une de ces poudres donnait des portées supérieures de 200 yards (182^m) à celles des
autres. Mais je ne vois là aucune raison pour attribuer ces
différences à une composition défectueuse ou incomplète
du nitre. Supposons en effet que le nitre manque d'une certaine quantité d'oxygène ; mais ce serait alors du nitrite de
potasse ; or, le nitrite de potasse est un produit de l'art, et
n'a pas encore été trouvé à l'état naturel. Supposons que le
nitre soit mêlé avec un excès de base ; mais la potasse étant
soluble dans l'eau se séparerait dans le raffinage et laisserait en dernier résultat le nitre pur. Ainsi, que l'on suppose
qu'il y ait excès ou manque d'un de ses éléments, ce sera
alors une combinaison alcaline différente, et non du nitrate
de potasse, et par suite, cette combinaison ne cristallisera
point comme le nitrate.

18. Mais le passage suivant d'une des autorités chimiques
les plus considérables de notre époque sera encore plus con-
cluant que mes arguments : « La même combinaison chimique
présente toujours la même composition, et il ne peut jamais exister aucune variation dans les proportions de ses
éléments. 48 parties de potasse combinées avec 54 parties

d'acide nitrique, produisent toujours 102 parties de nitrate de potasse. Aucune méthode de combiner ces éléments, soit par excès de l'un ou de l'autre, soit par double
décomposition, ne peut changer les proportions dans le produit de la combinaison. Et cette loi n'est pas bornée aux
nombres 48, 54 et 102, mais quelle que soit la quantité des éléments en présence et de nitrate produit, les proportions restent toujours les mêmes (1). »

19. Le nitre ne doit pas être employé à la fabrication de
la poudre avant d'avoir été purifié, car il est mélangé avec
les muriates (hydrochlorates) de soude, de magnésie, de
chaux et plusieurs autres sels qui absorbent rapidement
l'humidité. Cette propriété déliquescente serait très-dom-
mageable, car elle détruirait bientôt l'agrégation et la combinaison des éléments qui constituent la poudre. Quant aux
sels efflorescents que le nitre peut contenir, ils sont nuisibles parce que ne possédant aucune propriété utile, ils s'interposent entre les éléments plus combustibles et diminuent
ainsi la rapidité de combustion ; or, dans ce cas : *quod non
juvat, obstat*, ce qui n'aide pas est nuisible.

20. Pour dégager le nitrate des autres sels avec lesquels
il est mélangé, l'habileté humaine serait à peu près impuis
sante sans le secours de la nature ; mais la nature, avec cette
beauté infinie et cet ordre admirable qui se remarque dans
toute la création, a donné à chaque sel une cristallisation

---

(1) Faraday. *Manipulations chimiques*, p. 552, édit. 1827. Cette
citation me paraît sans réplique.

(Note de l'auteur.)

régulière et constante. Elle a aussi réglé et varié les degrés de température auxquels chacun d'eux est soluble. Ainsi, la simple connaissance des lois de la cristallisation conduit à un procédé très-simple pour obtenir le nitrate de potasse dans un état parfait de pureté. Ce nitrate est plus soluble dans l'eau chaude que dans l'eau froide; tandis que cette augmentation de solubilité n'a pas lieu pour le muriate de soude. Par suite, la dissolution de nitrate est portée à une haute température, afin que le muriate qui avait d'abord saturé l'eau se dépose (1). D'un autre côté le nitrate de chaux, les muriates de soude, de chaux et plusieurs autres sels étant pl us solubles dans l'eau froide que le nitrate de po tasse, ils restent en dissolution dans les eaux-mères pendant que le nitre cristallise. C'est d'après la connaissance de ces différents degrés de solubilité des sels mélangés avec le nitrate que l'on parvient à les séparer et à obtenir le nitre parfaitement pur.

21. Quant au procédé de raffinage, on raffine le nitre en le dissolvant d'abord et filtrant ensuite la dissolution. Pour l'obtenir pur on emploie ordinairement deux dissolutions à chaud. Mais dans le raffinage comme dans tous les arts manuels, une connaissance éclairée des meilleurs procédés pratiques permet de conduire les opérations avec une plus grande certitude de succès, avec plus de facilité, de promptitude et d'économie. L'usage du sang de bœuf, des œufs, etc., est recommandé par quelques raffineurs, mais il n a

---

(1) C'est par suite de l'évaporation d'une partie de la dissolution que le muriate de soude se dépose.

(Note du traducteur.)

pas l'efficacité qu'ils lui attribuent. Toutes ces substances n'ont aucune affinité pour le nitrate de potasse et ne produisent aucune action chimique. Elles ne peuvent avoir d'autre effet que de précipiter ou de porter à la surface les impuretés contenues dans la dissolution, encore cet effet est-il douteux et ces substances ne sont pas employées dans les raffineries royales. A mon avis, le soin de bien écumer les dissolutions, l'emploi de filtres convenables (il faut quelque habileté pour bien opérer le filtrage), et l'habitude pratique des manipulations, voilà des moyens bien supérieurs à tous les expédients recommandés.

22. On a agité la question de savoir : si le nitrate de potasse après avoir été raffiné devait être fondu et ensuite pulvérisé au moment de l'emploi, ou s'il valait mieux le réduire en poudre en desséchant par la chaleur les cristaux qui renferment encore l'eau de cristallisation. Par la fusion dans des moules de forme convenable, le salpêtre devient plus transportable, il est mieux adapté aux nécessités du voiturage, de l'exportation et du commerce, enfin il est moins exposé à se mélanger avec des matières étrangères et impures lorsqu'il est conservé en approvisionnement. Avant d'être complétement refroidi, lorsqu'il a été fondu, il est mou, et comme la cire, reçoit facilement des empreintes : de telle sorte qu'on peut indiquer dessus, le poids, ou toute autre marque jugée utile. Les avantages qu'on signale dans le procédé de la dessiccation par la chaleur des cristaux de salpêtre, sont ceux-ci : que par ce procédé le salpêtre se trouve réduit par une seule opération en une poudre fine, avec peu de dépense et peu de travail. Mais la ténuité des parties du salpêtre fondu et réduit en poudre par un procédé qui sera indiqué plus tard (n° 88), est beaucoup plus grande, et par suite ce salpêtre est préférable pour la fabrication. De plus, les impuretés accidentelles ne peuvent être découvertes aussi facilement dans le salpêtre desséché que lorsqu'il est en fusion ; et la méthode par la dessiccation exige l'emploi de l'eau distillée ou tout au moins de l'eau de pluie parfaitement pure. Il est vrai que l'on a dit aussi que la poudre fabriquée avec le salpêtre desséché ne formait pas des grumeaux lorsqu'elle était embarillée, mais cette assertion reste très-douteuse (1).

23. Quant à la crainte de décomposer le salpêtre par la fusion, ou de lui enlever une partie de son oxygène, elle est évidemment sans aucun fondement. Pour s'en assurer, on peut à l'aide d'une lampe à esprit de vin faire fondre une petite quantité de salpêtre dans une cornue de verre en recueillant les produits dans un tube où l'on a fait le vide. On obtiendra ainsi quelques bulles d'air, mais aucun dégagement d'oxygène. C'est par un procédé semblable qu'on retire pourtant l'oxygène dans les laboratoires, du chlorate de potasse ; mais ce sel se décompose à une température beaucoup plus basse que le nitrate. Comme dans la pratique on emploie un feu assez intense pour la fusion du salpêtre, il faut veiller à ce que les vases de fer dans lesquels se fait la fusion, ne soient pas portés à la chaleur rouge, car dans ce cas le nitrate subirait un commencement de décomposition. Mais lorsque l'opération est comprise par les ouvriers et

---

(1) Après avoir été essayé en France, ce procédé de fusion pour le salpêtre a été abandonné ; il en a été de même à la poudrerie belge de Wetteren.

qu'elle est conduite avec une attention ordinaire, cet accident ne doit jamais se produire. Le nitrate n'est pas décomposé avant la chaleur rouge, et il fond à 500 degrés Farenheit ; tandis que le fer passe au rouge, d'après Henry, dans l'obscurité à la température de 1,050 degrés et au jour à la température de 1,207 degrés.

24. L'épreuve suivante donne un moyen très-sensible de vérifier la pureté du salpêtre. Dissolvez quelques grammes dans une éprouvette ou une fiole remplie à trois quarts d'eau distillée. Ajoutez ensuite une goutte ou deux de la dissolution de nitrate d'argent. S'il ne se forme aucun trouble dans la liqueur, si l'eau conserve toute sa transparence, le salpêtre est pur. Mais si la moindre apparence blanche ou laiteuse se montre, elle indique la présence d'acide hydrochlorique ou du sel commun (hydrochlorate de soude), et le degré d'opacité de la liqueur sera la mesure de son degré d'impureté. Accum affirme que la sensibilité de cette épreuve est extrême et qu'elle peut constater la présence dans la dissolution de $\frac{1}{[illegible]}$ de sel commun ou de $\frac{1}{[illegible]}$, d'acide hydrochlorique. Il y a d'autres moyens d'essai pour reconnaître la présence des autres sels ; mais ils sont si solubles dans l'eau froide, à l'état où ils se trouvent ordinairement combinés avec le salpêtre impur, que le nitre raffiné et cristallisé ne peut plus être soupçonné de les renfermer encore.

25. A une température élevée, le salpêtre est décomposé avec une extrême énergie par le charbon, et c'est cette propriété qui en fait l'agent principal dans la composition de la poudre. Le salpêtre pur n'est pas déliquescent et n'attire pas l'humidité comme le sel ordinaire, et il ne contient pas

d'eau de cristallisation comme on l'avait pensé d'abord.

26. La désignation chimique du salpêtre est *nitrate de potasse*. Lorsqu'il est fondu on l'appelle *sal-prunella* ou cristal minéral. Soumis à la chaleur rouge, il laisse dégager une partie de son oxygène et passe à l'état de *nitrate de potasse*. Si l'on continue à élever la température, non-seulement il perd tout son oxygène, mais encore l'azote, et il ne reste plus que la potasse.

27. On reconnaît par l'analyse que le nitrate de potasse renferme six atomes d'oxygène et un d'azote, combinés avec un de base ou potassium. Ces deux substances, oxygène et azote, sont les éléments gazeux et élastiques du nitre. C'est à la présence de ces fluides élastiques et à l'influence d'une haute température que la poudre à canon doit ses propriétés d'explosion et d'expansion lorsque la poudre fait explosion ; les éléments gazeux dégagés de leur combinaison avec la potasse se développent et passent à l'état de fluide élastique. Mais à peine la première combinaison est-elle détruite, que les gaz sous l'influence de nouvelles affinités forment de nouveaux produits qu'il est difficile d'indiquer avec précision, mais dont il sera parlé plus tard (n°s 71 et 72).

CHARBON.

28. Nous avons à considérer ici cette substance bien connue, comme une matière végétale modifiée dans sa constitution originelle par un procédé chimique, qui la rend propre à une fabrication spéciale. Il faut remarquer que le charbon est constitué seulement par la partie ligneuse des

végétaux, tandis que les produits liquides ou gazeux en sont séparés par l'opération et forment de nouveaux composés. On sait que les végétaux sont constitués par le carbone, l'oxygène et l'hydrogène, et que ces éléments combinés en proportions différentes produisent le vinaigre, le sucre, la résine, l'huile, etc., et d'autres composés. Ainsi, l'acide pyroligneux (ou vinaigre de bois) et le goudron sont obtenus par la distillation des végétaux; non que le vinaigre et le goudron préexistent dans le bois avant cette opération chimique; mais leurs éléments constitutifs ayant été séparés de la matière ligneuse, se combinent dans de nouvelles proportions et forment ces produits. On recueille dans la distillation ces produits qui sont d'un emploi utile pour les arts et les usages domestiques; et le charbon, résidu de la matière ligneuse du bois, est obtenu à l'état solide.

29. La bonne qualité de la poudre dépend beaucoup de la nature du charbon. Les bois légers, mais non spongieux, sont ceux qui donnent les meilleurs charbons. En Europe on donne la préférence aux bois qui présentent ce caractère, parce qu'on a reconnu que c'est par leur emploi qu'on obtenait les meilleures poudres. A Madras on a employé avec succès le bois du *gram-bush* (pois chiche), du *parkinsonia* et du *milk-hedge* (euphorbia tiraculli). Le charbon de parkinsonia offre dans sa cassure une apparence semblable à celle des meilleurs charbons d'Europe. Des épreuves faites à Parfleet en 1815 sur de la poudre fabriquée à Madras en 1814 avec du charbon de ce bois préparé d'après le système suivi dans les manufactures anglaises, ont donné des portées supérieures à celle de la poudre fabriquée avec le charbon de gram-bush; et de plus des épreuves subséquentes ayant été faites après que les deux poudres ont resté exposées pen-

dant 37 jours à l'action de l'atmosphère, la première a conservé sa supériorité dans les portées.

30. On pourrait insérer ici un tableau de ces épreuves qui donnera lieu à quelques observations. Tous les barils renfermant les poudres indiennes sont désignés dans le rapport comme paraissant avoir été conservés dans des magasins humides.

31. Il résultait de ces épreuves que la poudre à canon faite avec du charbon de parkinsonia conservait une incontestable supériorité sur celle fabriquée avec le gram-bush. Pour les poudres à mousquet, la première, après 27 jours d'exposition à l'air, était moins détériorée que la seconde. Comparée, dans le mortier éprouvette, avec la poudre à canon de la manufacture royale de Waltham-Abbey, la poudre de parkinsonia a donné aussi de très-bons résultats. Pour les poudres à mousquet, celles fabriquées à Madras avec le charbon de parkinsonia et de gram-bush ont donné de très-bonnes portées dans les épreuves de la carabine en comparaison avec la poudre royale de Feversham, qui n'avait pas été, comme les deux premières, exposée aux influences délétères d'un voyage sur mer.

32. L'une de ces poudres n° 4 avait été fabriquée d'après les procédés suivis à la manufacture de Madras, mais avec du charbon distillé dans les cylindres et du nitre fondu. La poudre n° 5 était aussi une poudre de la manufacture de Madras, mais fabriquée avec du charbon fait en fosse et du salpêtre desséché à l'air chaud. Le résultat de cette double épreuve est en faveur de la poudre fabriquée avec le charbon distillé dans les cylindres, et montre d'une manière

évidente que l'emploi du charbon distillé, joint à celui du salpêtre fondu, améliore les qualités de la poudre même avec les procédés défectueux de la fabrication de Madras. La poudre n° 5 avait donné les plus faibles portées, quoique les procédés de fabrication et la qualité des éléments fût la même que pour la poudre n° 4, les différences portant seulement sur la distillation du charbon et la fusion du salpêtre. Depuis cette époque la fabrication de Madras n'a pas été améliorée.

CARBONISATION.

33. Les opinions varient sur le meilleur procédé de carbonisation à adopter. Les Français n'admettent pas cette assertion de M. Foleman : que la force des poudres des manufactures anglaises a été augmentée d'un tiers par l'emploi dans la fabrication du charbon distillé dans les cylindres. Les Français ont fabriqué de la poudre avec du charbon distillé dans les cylindres, avec du charbon distillé dans un poêle, et enfin avec un troisième charbon distillé dans une cornue de verre, et ils ont trouvé qu'aucun de ces trois charbons ne donnait une poudre plus forte que le charbon préparé d'après leur méthode ordinaire, c'est-à-dire dans des fosses construites en maçonnerie. Voici au reste comment s'exprime leur rapport pour ces épreuves (ouvrage de Bottée et Riffaut) (1).

____

(1) Depuis cette époque, on a reconnu en France la supériorité du procédé de carbonisation par la distillation dans les cylindres, et les poudres de chasse sont fabriquées avec du charbon ainsi préparé. Des

34. « Dès que l'administration eut connaissance de l'emploi de ces méthodes (la carbonisation en cylindres), elle s'empressa de faire l'essai des charbons résultant de l'une et de l'autre. Elle fit brûler à l'arsenal de Paris, du bois de bourdaine dans un cylindre de fonte placé dans le fourneau de l'une des chaudières de la raffinerie dont le feu était en activité depuis plusieurs jours ; il en fut en même temps carbonisé une autre portion par distillation dans un poêle de fonte ; enfin, on en distilla environ 30 kilog. dans une cornue en verre avec l'appareil pneumato-chimique. Des compositions de poudre de guerre et de chasse furent faites à Essonne avec chacune de ces espèces de charbon, et à divers dosages. On essaya ces poudres au mortier et à l'éprouvette de M. Regnier, comparativement avec les poudres de guerre et de chasse ordinaires. Au mortier la portée de la poudre ordinaire au dosage de :

Charbon,	14
Soufre,	10
Salpêtre,	76

fut supérieure de plusieurs mètres à celle des poudres faites avec les trois charbons aux deux dosages différents :

Charbon,	14	Charbon,	15
Soufre,	10	Soufre,	9
Salpêtre,	76	Salpêtre,	76

et cette infériorité fut la moins sensible pour la poudre

études complètes sont suivies pour savoir si l'on doit étendre aux poudres de guerre l'emploi de ce charbon : en attendant, le charbon destiné à cette fabrication n'est plus préparé en fosse, mais dans des chaudières en fonte.

faite avec le charbon de cylindre, et la plus considérable pour la poudre avec le charbon distillé à la cornue. A la petite éprouvette, les poudres de chasse avec les charbons au poêle et à la cornue soutinrent la concurrence avec la poudre fine de fabrication courante; la poudre avec le charbon du cylindre fut seule plus faible. » Il est probable que les expérimentateurs français avaient dépassé le degré de distillation convenable, et avaient trop brûlé le charbon (voir n° 49).

35. Le rapport ajoute : « Les résultats de ces épreuves sur les méthodes de carbonisation des Anglais, durent prouver à l'administration qu'elles n'étaient pas préférables à celles usitées en France, et la confirmer surtout dans l'idée qu'elle avait eue de l'exagération ridicule des prétendus avantages des modes de carbonisation employés en Angleterre; ces avantages ne tenaient à rien moins, suivant Foleman, qu'à augmenter la force de la poudre au point de diminuer d'un tiers la charge des bouches à feu (1). »

---

(1) Le fait est que la distillation du charbon dans les cylindres a marché de front avec d'autres perfectionnements qui ont conduit à ce résultat. Le lieutenant général Congrève, dans un *Traité* publié en 1811, établit, entre autres faits, qu'une économie de 619,800 livres sterling (ou plus de 15 millions) est résultée pour la nation des perfectionnements introduits dans la fabrication de la nouvelle poudre à canon. « Par suite de ces perfectionnements, la force de la poudre a été tellement augmentée, qu'il a été nécessaire, dès l'année 1796, de réduire d'un tiers le poids de la charge des bouches à feu. L'un de ces perfectionnements a conduit à fabriquer une nouvelle espèce de poudre nommée *poudre des cylindres*, d'après la forme des vases

36. Mon dessein étant de ne discuter les principes que lorsqu'ils s'appuient sur des faits pratiques, comme je n'ai pas des épreuves à opposer à celles que l'on vient de citer, je ne ferai aucun commentaire sur ce rapport ; je ferai observer seulement que les résultats indiqués coïncident avec des épreuves faites à Madras sous la direction du capitaine Balmain. Une rangée de cylindres du modèle de ceux employés en Angleterre dans les manufactures royales, ayant été établie, du charbon fut distillé, et l'opération fut conduite par les soins de l'un des jeunes ouvriers envoyés dans les Indes par la cour des directeurs en 1813. Il fut reconnu que la distillation de la plante du gram-bush (bois de pois chiche) dans les cylindres n'améliorait pas la qualité du charbon obtenu avec ce bois; et que les charbons obtenus dans les cylindres avec tous les autres bois restaient inférieurs au charbon de fosse du gram-bush. Il faut remarquer pourtant que cette assertion sur la qualité du charbon s'applique seulement à la force de la poudre et non à la conservation et à la durée de ses effets.

37. Nous avons pourtant deux observations à faire : la première, c'est que l'opinion du capitaine Balmain relativement à la supériorité du charbon de gram-bush (bois de pois chiche) est directement opposée à celle du capitaine Bishop; la seconde, c'est que quoique les Français aient paru d'abord, d'après les termes du rapport cité, se prononcer con-

---

dans lesquels la carbonisation est opérée. La poudre fabriquée avec du charbon ainsi distillé surpasse de beaucoup en force la poudre ordinaire. »

(Note de l'auteur.)

tre le procédé de carbonisation en cylindres, des expériences plus récentes faites en France semblent pourtant devoir les décider à l'adoption de la méthode anglaise de préférence à leurs propres procédés. Le baron Dupin, dans son ouvrage sur la force militaire de la Grande-Bretagne, donne une note de quelques épreuves faites devant une commission spéciale, désignée en 1814 pour examiner les qualités d'une poudre fabriquée au Bouchet avec du charbon préparé en vase clos par comparaison avec de la poudre de Dartford demandée spécialement pour cet essai ; les résultats donnèrent un léger avantage en faveur de la poudre française. M. Dupin cite le passage suivant : Rien ne s'oppose, disent les commissaires, à ce que nous fassions de la poudre de guerre aussi bonne que la poudre de chasse qui vient d'être éprouvée. Nous y parviendrons en préparant le charbon d'après le mode anglais. M. Dupin ajoute : « Formons des vœux, pour qu'on fasse à cet égard ce qu'on a » démontré possible. » Et ensuite : « Une partie des qualités de la poudre anglaise est due à cette carbonisation, disais-je en 1820 ; l'expérience du Bouchet a prouvé cette assertion. Espérons qu'on emploiera ce procédé pour toutes nos poudres. » Quant à moi, je n'essayerai pas de faire accorder ces opinions si différentes de nos voisins du continent.

CARBONISATION EN CYLINDRES (1).

38. Le charbon qui est employé pour la fabrication de la
poudre dans les manufactures royales, est préparé par distillation, dans de larges cornues en fer de forme cylindrique.
Par ce procédé, les produits volatils renfermés dans le bois
sont dégagés au moyen de la chaleur, et viennent se con-
denser dans des vases disposés convenablement pour les re-
cueillir. Cette méthode est considérée comme bien supérieure à la méthode ordinaire de carbonisation en fosse. Il
a été établi dans un rapport sur le résultat des épreuves
faites en août 1811 aux dunes de Marlborough sous la direction du comité d'artillerie (Board of ordnance) que : La poudre qui renfermait du charbon de cylindre dans ses éléments constitutifs conservait bien plus longtemps sa force
que celle fabriquée avec du charbon ordinaire de fosse, ou
avec du charbon carbonisé en pots, différence qui était due
à ce que ces deux dernières espèces de charbon renfermaient
incontestablement plus ou moins de sels déliquescents.

39. S'il est réellement nécessaire de se procurer du charbon dans l'état de pureté le plus parfait, pour la fabrication
de la poudre, il ne peut y avoir de doute que la distillation
dans des vases convenables ne soit le meilleur moyen : car,

---

(1) La première idée de la carbonisation en cylindres est due à
l'évêque Watson (voir ses *Mémoires*, vol. 1). Elle fut mise en pratique
en 1783 ou 1784 pendant l'administration du duc de Richmond,
alors maître général de l'artillerie.

par ce procédé, les divers produits, obtenus à l'aide de la
chaleur, sont séparés du bois aussitôt que formés ; tandis
que, dans le procédé de carbonisation en fosse, ceux des produits qui sont inflammables, se brûlent, et ceux qui ne le
sont pas, déposent leurs bases terreuses et salines sur le
charbon. Celles de ces bases qui sont déliquescentes, sont
préjudiciables dans la fabrication de la poudre ; et pour
celles qui ne sont pas déliquescentes, le moins qu'on en
puisse dire, c'est qu'elles introduisent des éléments étran-
gers, inutiles, sinon nuisibles.

40. Je n'ai trouvé dans aucun auteur des raisons pour
motiver cette opinion que le charbon distillé dans des cylindres est préférable pour la fabrication de la poudre à celui obtenu par la carbonisation en fosse, et je ne me crois
point en état moi-même de résoudre la question. Cette assertion a été avancée par une personne, répétée par d'autres, et l'expérience est venue la confirmer comme un fait.
Je crois pourtant pouvoir déduire de mes recherches, qu'il
y a de bonnes raisons pour conclure que la carbonisation
en cylindres donne non-seulement un charbon plus pur,
c'est-à-dire renfermant moins de substances étrangères,
mais encore que ce charbon ne renferme pas de sels alcalins. On sait que la potasse se trouve dans presque toutes
les plantes qui croissent à une certaine distance de la mer.
On sait aussi qu'en brûlant du bois à l'air libre, recueillant
les cendres, les lessivant et évaporant la dissolution, on
peut obtenir la potasse du commerce. La question paraît
donc se réduire à ceci : les alcalis sont produits dans la
combustion du bois à l'air libre ; se forment-ils également
dans la combustion en vases clos, à l'abri du contact de
l'air ? C'est encore, je crois, une question à décider entre les

chimistes de savoir : si la potasse préexiste dans le bois, ou si elle est formée par l'incinération ; si elle existe dans le bois, il paraît difficile d'indiquer comment on peut en débarrasser le charbon par le procédé des cylindres, puisqu'elle ne peut s'évaporer, mais couler seulement sous l'action d'une température élevée. La solution ne saurait être pourtant très-difficile ; une expérience bien conduite pourra éclairer suffisamment pour décider entre les deux hypothèses. Je n'ai eu ni les moyens, ni la facilité de faire des expériences sur une échelle suffisante pour décider la question ; toutefois, celles que je vais indiquer me paraissent assez concluantes (1).

41. Cent parties du charbon de gram-bush employé à la manufacture de Madras furent réduites en cendres. Les cendres donnèrent en alcali une proportion de 1,51 pour cent du poids du charbon employé, ou environ de 30 à 35 pour cent du poids des cendres. Ce même charbon ayant été macéré dans de l'eau distillée, l'eau soumise aux réactifs indiqua aussi la présence de l'alcali. Il faut en conclure nécessairement que le charbon de gram-bush fabriqué en fosse est alcalin.

42. Des échantillons de salpêtre raffiné à Madras dans les années 1814 et 1828 furent examinés en même temps ; et

---

(1) D'après ce que dit Parke, dans ses *Essais chimiques*, vol. II, p. 19, il paraîtrait que la potasse est entraînée avec l'acide pyroligneux dont on la sépare par un procédé employé en Allemagne pour obtenir la potasse.

(Note de l'auteur.)

l'emploi des réactifs convenables ne signala pour aucun d'eux la présence d'un alcali. Cette expérience, quoiqu'elle ne paraisse pas d'abord se rapporter à la question actuelle, montrera bientôt son utilité.

43. Pour reconnaître si le charbon de gram-bush contenait de la potasse par suite de sa préparation en fosse, comme aussi pour établir que la poudre des manufactures royales n'en renfermait pas, je pesai une demi-once de la poudre de carabine des manufactures royales, année 1813, fabriquée avec du charbon de dog-wood (bois de bourdaine) préparé dans les cylindres, et une demi-once de poudre de Madras, année 1828, fabriquée avec du charbon de gram-bush préparé en fosse. Je plaçai ces deux pesées dans des éprouvettes de verre, renfermant une égale quantité d'eau distillée. Lorsque les deux poudres furent dissoutes, je plongeai dans chacune des éprouvettes une bande de papier rouge de tournesol, et après les avoir laissées dans la dissolution pendant quelques heures, je les examinai. La bande plongée dans la dissolution de la poudre de Madras était passée à la couleur bleue, indiquant par là la présence d'un alcali ; ce qu'on devait prévoir, puisqu'il avait été déjà reconnu que le charbon de gram-bush renfermait de la potasse. Mais la bande de papier plongée dans la dissolution de la poudre des manufactures royales n'indiquait pas la présence de la plus légère trace d'alcali, car la couleur rouge du papier d'épreuve n'avait pas subi la moindre altération. Je m'assurai à l'aide d'autres réactifs que la poudre royale ne contenait aucun acide libre.

44. Seconde expérience. — J'essayai de la même manière deux échantillons de poudres fabriquées à Madras, en 1814,

d'après le système anglais, l'une avec du charbon de gram-bush, l'autre avec du charbon de parkinsonia; ces deux charbons préparés par le procédé des cylindres. Aucune de ces deux poudres ne donna aux réactifs trace de potasse; elles en étaient aussi exemptes que les poudres des manufactures royales.

45. Troisième expérience. — Pour ne conserver aucun doute sur ce point, je fis une troisième expérience sur de la poudre de Madras fabriquée avec du charbon de gram-bush préparé en fosse, même année 1814. Je voulais m'assurer si une période de 15 années n'avait pas produit une action chimique sur les autres poudres de la même époque qui pouvait annuler les conclusions de l'expérience précédente; mais cette troisième poudre indiqua aux réactifs la présence de la potasse.

46. Des expériences qui viennent d'être citées, il faut nécessairement déduire les observations suivantes : la poudre des manufactures royales a été fabriquée avec un charbon de bois qui avait été longtemps exposé à l'action de l'atmosphère. C'est à cette circonstance qu'il faut peut-être attribuer l'absence de la potasse (voir n° 51); mais les bois de gram-bush et de parkinsonia avaient été fraîchement coupés et réduits en charbon pendant qu'ils avaient encore leur sève ; l'objection faite pour les autres bois ne peut donc être valable pour eux. Il avait été reconnu que le salpêtre ne renfermait pas de potasse (42), et d'autres épreuves avaient aussi démontré que le soufre n'en renfermait pas ; la conclusion forcée est donc : que la potasse reconnue dans la poudre ne peut provenir que du charbon. Après avoir prouvé ainsi que la poudre faite avec le charbon préparé en fosse

est alcaline, tandis que celle fabriquée avec le charbon préparé dans les cylindres ne l'est pas, nous pouvons, je crois, déduire cette conséquence légitime : que le procédé de distillation dans les cylindres donne un charbon qui ne renferme pas d'alcali, et cette raison seule, s'il n'y en a pas d'autre, suffit pour que le procédé de distillation dans les cylindres soit le meilleur pour faire du charbon destiné à la fabrication de la poudre.

OBJECTIONS A LA CARBONISATION DANS LES CYLINDRES.

47. On a fait cette objection contre le procédé de distillation en vase clos, qu'on courait le risque de brûler le bois outre mesure ; mais lorsque ce procédé est bien compris l'objection ne conserve plus de valeur, car le danger signalé ne se produit pas dans la pratique. Mais, lors même que les règles de l'opération ne sont pas encore bien déterminées par une pratique suffisante, si l'on a le soin de retirer le charbon, ou de faire cesser le feu lorsque les dernières portions d'acide s'écoulent, et que le gaz produit prend une couleur d'un bleu violet, la distillation sera parfaite et il n'y aura pas le moindre danger de surcarbonisation. Néanmoins, la pratique est la meilleure règle pour la conduite de l'opération (1).

----

(1) Voir les *Essais de chimie* de Parke, pour un fait singulier produit par suite d'une légère altération dans les appareils de distillation dans l'une des poudreries appartenant à l'industrie privée.

48. Le chàrbon peut être rendu extrêmement dur par l'effet d'une température très-élevée. Soumis à l'action de la pile, il acquiert assez de dureté pour rayer le verre, et même pour résister à l'action d'un feu modéré. « Il est rendu d'autant moins combustible qu'il ne subit aucune altération lorsqu'on l'allume sur une plaque de fer au contact de l'air. » Lorsqu'il est dans cet état, le charbon est tout à fait impropre à la fabrication de la poudre; ainsi lorsque la distillation est complète, la continuation du chauffage devient nuisible.

49. Dans le courant de l'année 1802, quelques expériences furent faites à Madras par le capitaine Bishop et Benjamin Roëbuck sur l'emploi du charbon distillé en cylindres; ils reconnurent que de la poudre fabriquée avec du charbon chauffé avec excès ne donnait des portées que de 42 yards (ou $38^m,22$), tandis que la poudre fabriquée avec du charbon convenablement distillé donnait des portées de 157 yards ($142^m,8$). *Ces expériences prouvent que l'emploi d'un charbon mal préparé suffit pour diminuer toutes les qualités de la poudre.*

50. On a fait aussi contre l'emploi des cylindres l'objection que ce mode de carbonisation était fort coûteux. En Angleterre, les produits liquides de la distillation du bois sont utilement employés; et il m'a été dit que la vente payait à peu près la dépense du combustible. Le débit de ces produits n'étant pas le même dans ce pays, celui dont l'emploi est *le plus utile est le goudron liquide, qui, mêlé avec de l'esprit-de-vin, forme un très-bon vernis noir, et remplace avec avantage dans plusieurs cas l'emploi du goudron ordinaire.* Ainsi, par exemple, il est d'un très-bon usage pour la conservation des pièces de bois ou de fer exposées à l'action de l'atmosphère. Si, dans ce pays (les Indes), le procédé ordinaire de carbonisation pouvait être perfectionné au point d'obtenir du charbon libre de sels déliquescents sans employer le procédé des cylindres, ce serait sans doute une économie dans la fabrication ajoutée à une amélioration importante dans les qualités de la poudre. Car, ainsi qu'il a déjà été dit, la potasse n'est pas seulement une substance étrangère aux éléments constitutifs de la poudre, mais sa présence est des plus fâcheuses à cause de sa propriété déliquescente qui désagrège les éléments de la poudre, et diminue d'autant plus ses effets que cette désagrégation est plus prononcée.

51. Je crois que l'amélioration dans le procédé ordinaire peut être obtenue, sinon entièrement, du moins en partie. Le bois employé dans les charbonneries des manufactures royales en Angleterre est empilé en chantiers et exposé à toutes les variations de l'atmosphère. Si, dans les Indes, le bois de la plante du gram-bush était exposé avant d'être carbonisé aux fortes pluies d'une mousson, une partie des sels solubles serait probablement entraînée; le charbon obtenu absorberait beaucoup moins l'humidité, et par suite la poudre perdrait moins de ses qualités dans les climats pluvieux. Des faits viennent au reste à l'appui de cette opinion. Des feuilles de noisetier réduites en cendre ont donné dans une expérience 26 p. 0/0 du poids des cendres en sels solubles; des feuilles du même arbre qui, avant l'incinération, avaient trempé quelque temps dans de l'eau froide, ont donné seulement 8,20 p. 0/0 de sels solubles. La citation suivante du *Catéchisme de chimie*, de Parke, confirme encore notre opinion : le docteur Preschier a montré, dit

ce savant chimiste, que la potasse toute formée existe dans le suc des végétaux, quelquefois libre, quelquefois combinée avec des acides ; et il a été reconnu que si ces végétaux étaient plongés pendant quelque temps dans l'eau et brûlés ensuite, ils ne donnaient plus de potasse.

52. Quant à cette opinion, que, par la surcarbonisation du bois, on dégage de l'hydrogène du charbon, et on le rend plus dur et moins propre à la fabrication de la poudre, voici, je crois, comment il faut l'entendre. D'abord il est douteux que le charbon renferme une quantité d'hydrogène assez notable pour être utile ; et de plus on sait que l'hydrogène ne se trouve pas réuni au carbone, à moins que ce ne soit à l'état de combinaison. Le charbon peut accidentellement renfermer de l'hydrogène à cause de sa propriété d'absorber une certaine quantité de tous les gaz, et parce que l'hydrogène est un des produits de la distillation du bois. — La surcarbonisation rend le charbon plus dur, et par suite moins propre à la fabrication de la poudre. Le fait est bien établi, quoique la cause n'en soit pas tout à fait expliquée. C'est à une propriété mécanique qui dépend de la dureté qu'il faut peut-être l'attribuer ; comme, à mon avis, c'est probablement l'extrême dureté du diamant ou carbone pur qui rend si difficile la combustion de cette pierre précieuse. Je suis porté à croire pourtant que la nature et les propriétés du charbon destiné à la fabrication de la poudre n'ont pas été suffisamment étudiées. Le chimiste pratique, soit pour ses analyses, soit pour ses expériences, préfère, je crois, le charbon qui a été fortement carbonisé ; plus la carbonisation est complète, meilleur il est ; mais un charbon pareil diffère dans ses propriétés physiques de celui qui est employé pour la fabrication de la poudre.

RECOMMANDATIONS PRATIQUES.

53. Le charbon destiné à la fabrication de la poudre est mauvais s'il a été carbonisé le bois ou la plante conservant encore l'écorce. Les arbres qui doivent fournir le charbon sont coupés en Europe au moment où la séve est en pleine circulation, parce qu'à cette époque l'écorce peut en être aisément détachée. La poudre faite avec du bois qui conservait son écorce, ou qui n'a pas été suffisamment carbonisé, est appelée en termes techniques *fusante*, c'est-à-dire que, au moment de l'explosion, elle projette des étincelles, ce qui la rend très-dangereuse pour certaines circonstances du service. *C'est donc une règle importante à suivre : que tout bois qui n'a pas été convenablement carbonisé, que tout fragment de bâton ou de paille, tout filament provenant des sacs, enfin toutes substances étrangères, doivent être soigneusement triées et séparées du charbon avant sa pulvérisation.*

54. La bonne qualité du charbon peut être estimée d'après les indications suivantes. Il doit être léger et point trop brûlé ; il doit toutefois être complétement carbonisé, ce qui se reconnaît en retirant quelques morceaux de l'appareil de carbonisation, et voyant si, pendant la combustion, ils ne donnent plus de fumée. Lorsqu'il est brisé, la cassure doit offrir la même apparence dans toute son étendue ; elle sera d'un noir mat, ou d'un noir de jais brillant suivant la nature du bois. Le charbon doit être assez tendre pour ne pas rayer la surface du cuivre poli ; et enfin, pour dernier et principal caractère, plongé dans de l'eau pure distillée, il ne doit donner aux réactifs aucune trace d'alcali.

55. Pour reconnaître la présence des alcalis, on peut employer le procédé suivant d'expérimentation. Mettez une once de charbon pulvérisé dans un mortier de marbre, versez dessus trois onces d'eau distillée, et opérez le mélange. Filtrez ensuite, et réduisez par l'évaporation la liqueur filtrée à un quart de son volume primitif. Plongez dans la liqueur ainsi réduite une bande de papier tournesol légèrement rougie à l'aide du vinaigre ou de tout autre acide faible. Si le charbon conserve de l'alcali, le papier reprendra plus ou moins la couleur bleue; dans le cas contraire, le papier gardera la couleur rouge.

56. La quantité de charbon fournie par la carbonisation du bois varie suivant la qualité du bois. La quantité moyenne fournie par les bois de diverses espèces dans les charbonneries des manufactures royales est environ de 25 p. 0/0; mais cette moyenne même varie suivant l'âge et la siccité du bois.

57. Le charbon est considéré par les chimistes comme un corps simple, mais celui qui est employé dans la fabrication de la poudre n'est probablement pas du carbone pur. Le charbon exposé à l'air absorbe environ 12 1/2 p. 0/0 d'humidité indépendamment de ce qu'il peut absorber en plus s'il renferme de la potasse. Le charbon a de plus la singulière propriété d'absorber un grand nombre de fois son volume de gaz ammoniaque, hydrochlorique, etc. Pendant la combustion, le carbone se combine avec 2,66 parties d'oxygène, et forme le gaz acide carbonique, lequel est un des produits gazeux qui se développent dans la combustion de la poudre.

58. Quelques personnes supposent que le pyrophore,

combinaison chimique qui s'enflamme au contact de l'air, se produit quelquefois dans la préparation du charbon ; c'est à cette circonstance qu'elles croient pouvoir attribuer la combustion en apparence spontanée qui se manifeste quelquefois dans les approvisionnements de charbon. Le pyrophore fut découvert à l'origine, en soumettant l'alun et des matières fécales à une chaleur rouge ; mais le miel, la farine, le sucre, et d'autres substances végétales ou animales peuvent remplacer dans cette préparation les matières fécales. Comme quelques espèces d'argile renferment de l'alun et que quelques-unes des substances indiquées peuvent se rencontrer mêlées avec ces argiles dans le bois qui sert à fabriquer le charbon, on comprend aisément comment la formation du pyrophore peut se produire accidentellement, quoique l'explication théorique du fait ne soit pas facile. Toutefois il est incontestable que la combustion spontanée du charbon a été signalée plusieurs fois, soit en Europe, soit dans les Indes, et dans plusieurs cas, après l'examen le plus attentif, il n'a pas été possible d'assigner une cause extérieure qui ait pu développer cette combustion (1). Dans les Indes, de l'argile ou des excréments humains peuvent se trouver, soit entre le bois destiné à la fabrication du charbon, soit dans les fosses de carbonisation et former par suite des pyrophores qui occasionnent des accidents. Ces accidents, du reste, se sont manifestés plusieurs fois à la poudrerie de Madras, sans qu'on ait pu remonter à leur origine.

---

(1) Le *Bulletin des sciences militaires*, n° de janvier 1851, renferme sur ce phénomène de la combustion spontanée du charbon un rapport très-intéressant du colonel Aubert. Ce sujet a été traité aussi par M. Hadfield dans un mémoire lu à la société philosophique de Manchester.

SOUFRE.

59. Cette substance minérale est un corps simple qui se trouve généralement en assez grande quantité dans les terrains volcaniques, et que l'on retire aussi de divers minerais métalliques. Le soufre se fond facilement et se volatilise ensuite. A 170 deg. Farenheit ou 77 centigr. le soufre commence à donner des vapeurs; une élévation de température de 15 à 20 deg. Farenh. (ou 8 à 12 centigr.), amène un commencement de fusion, et cette fusion est complète à 220 deg. Farenh. (ou 105 deg. centigr.). Si l'on porte rapidement la température jusqu'à 250 deg. Farenh. (ou 121 deg. centigr.), le soufre perd sa fluidité, il s'épaissit, et devient d'une couleur plus foncée si l'expérience se fait en vase clos. En réduisant la température, on peut lui faire reprendre une partie de sa fluidité, si le changement de température est rapide, autrement il se volatilise; à 600 deg. Farenh. ou 315 centigr. le soufre se volatilise et donne la fleur de soufre (1).

60. Le soufre est insoluble dans l'eau, et, d'après les chimistes, n'éprouve aucune altération lorsqu'il reste plongé dans ce liquide. Un rapport d'une commission du comité militaire fait en 1802 semble pourtant avancer une opinion contraire. « On essaya, dit le rapport, dans les manufac-

------

(1) L'indication des phénomènes singuliers que présente le soufre lorsqu'il est soumis à l'action de la chaleur a été donnée d'une manière plus précise par M. Dumas, dans ses *Eléments de chimie.*

tures de poudre d'opérer une lévigation par l'eau sur le soufre réduit en poudre ; cet essai rendit le soufre entièrement impropre à la fabrication. » — Le soufre chauffé à la température de 149 centigr. et jeté brusquement dans l'eau devient ductile comme de la cire et peut servir à prendre des empreintes.

61. Le raffinage du soufre s'opère par la simple fusion. Il faut employer une chaleur modérée et conduire l'opération habilement, car elle exige beaucoup d'attention et de soin pour régler le degré de température et l'état du feu. Le minerai doit être concassé en petits morceaux, et on doit le remuer pendant tout le temps de la fusion avec un instrument en fer légèrement graissé pour empêcher l'adhésion du soufre ; on ne doit jeter que successivement et par petites parties le minerai dans le vase où se fait la fusion en conduisant l'opération de manière à n'ajouter du minerai que lorsque celui mis précédemment est fondu. Lorsque le vase de fusion est plein et le minerai fondu il ne faut plus remuer, et l'on doit attendre qu'il se forme à la surface de petites aiguilles cristallines. Dès qu'on les aperçoit il faut couler rapidement le soufre dans des tubes en bois formés de deux parties maintenues par des anneaux qui peuvent s'ouvrir. Aussitôt que le soufre est refroidi, on le retire de ces tubes et l'on fait subir aux bâtons ainsi obtenus une seconde fusion ; dans les cas ordinaires, cette seconde opération suffit pour obtenir le soufre à un degré de pureté convenable. On remarquera en retirant des tubes les canons de soufre que les matières étrangères les plus denses se sont déposées au fond, que les plus légères sont restées à la partie supérieure, et qu'une partie s'est attachée à la surface extérieure de la masse. Toutes ces scories doivent être écartées

et la portion la plus pure soumise seule au second raffinage.
Les scories seront considérées comme du soufre cru.

62. Ayant pris au hasard dans un tas de rebut à la poudrerie de Madras un morceau de minerai sulfureux, j'en
retirai encore une quantité de soufre plus grande que je
n'aurais pu le penser; ces scories étant considérées comme
sans usage, mon livre de notes me donne les résultats
suivants :

100 parties de soufre ont donné en faisant dégager les
produits gazeux.

Produits gazeux.	68
Résidu terreux.	32
Total.	100

100 parties du même soufre ont donné en recueillant
les produits.

Soufre.	62
Résidu terreux.	32
Perte dans l'expérience.	6
Total.	100

Je dois faire observer pourtant que le résidu terreux était
une cendre si légère qu'on ne doit pas conclure de ces
expériences que la même quantité de soufre dut être obtenue dans les manipulations de la poudrerie; car ce résidu
terreux resterait probablement mêlé avec le soufre, et ne

pourrait, dans le raffinage, ni s'élever à la surface comme
une écume, ni se précipiter au fond comme sédiment. Cependant une portion du soufre pourrait, sans contredit,
être obtenue par un procédé d'opérations convenables et la
totalité pourrait être recueillie par sublimation. Le produit
de la sublimation est connu sous le nom de *fleur de soufre.*
D'après des expériences faites, *il paraît que la fleur de soufre
employée dans la fabrication de la poudre donne des poudres
de moins bonne qualité qu'avec l'emploi du soufre ordinaire.*
On dit pourtant qu'on peut par la fusion ramener la fleur
de soufre à l'état de soufre ordinaire.

63. Le soufre a de l'affinité pour l'oxygène et pour la potasse. M. Foleman considère le gaz acide sulfureux comme
l'un des fluides produits dans la combustion de la poudre;
mais des autorités plus récentes pensent au contraire que
le soufre s'unit avec la base du salpêtre pour former l'un
des produits solides qui restent en résidu après la combustion de la poudre.

64. L'essai suivant est le plus facile pour reconnaitre la
pureté du soufre. 100 grains de soufre brûlés dans une cap-
sule de verre à la flamme d'une lampe chimique doivent ne
laisser qu'un résidu si faible, qu'il ne puisse être apprécié
que par des balances sensibles au poids d'une fraction de
grain.

SECTION III.

PROPORTIONS.

---

65. La détermination des meilleures proportions pour la fabrication de la poudre est une des questions les plus difficiles et les plus importantes. Elle doit être considérée sous le double point de vue théorique et pratique; mais c'est seulement le côté pratique qu'il m'appartient d'examiner (1).

76. Les différences qui existent entre les diverses analyses des composés chimiques produits pendant la combustion de la poudre, nous font donc une loi d'accorder une grande importance aux observations déduites de la pratique et de l'expérience. Il ne faut pas trop se plaindre de cette nécessité, car c'est en définitive des divers modes de fabrication que dépendent les bonnes qualités de la poudre. Quelque justes que puissent être les indications de la théorie, il y a pour-

---

(1) Pour ce qui a rapport au côté scientifique de la question, j'ai dû me borner à citer l'opinion des chimistes les plus distingués.

(Note de l'auteur.)

Il a paru inutile de rapporter ces citations qui renferment quelques assertions erronées, et qui s'étendent du n° 66 au n° 75 du mémoire; l'article que M. Dumas a consacré dans sa Chimie à l'explication des phénomènes chimiques produits pendant la combustion de la poudre renferme les meilleurs renseignements à consulter.

(Note du traducteur.)

tant dans la fabrication telles circonstances qui peuvent détruire complétement leur effet; l'examen de ces circonstances n'est donc pas d'un mince intérêt. Ainsi, par exemple, les portées réelles de la poudre dépendent non-seulement des proportions chimiques de ses éléments, mais encore de son plus ou moins de densité. La poudre légère et poreuse fait explosion plus rapidement que la poudre pressée et grenée en grains très-denses; et la poudre qui fait explosion plus rapidement, donnant la plus grande quantité de gaz dans le temps le plus court, produira dans les cas ordinaires les plus grands effets. Une bonne fabrication produira, même avec des proportions défectueuses, une poudre supérieure à celle obtenue avec des proportions correctes, mais par une fabrication imparfaite. Lorsqu'on emploie la poudre à fortes charges, dans les pièces de gros calibre, ses effets dépendent bien plus des procédés de fabrication que de la justesse des proportions. Des expériences nombreuses et récentes ont prouvé tous ces faits; mais un fait singulier qui a paru sortir aussi de ces expériences, c'est que pour les fortes charges les poudres de qualité inférieure donnent des portées aussi grandes que des poudres supérieures. On doit donc conclure de tous ces résultats que le secours de l'analyse chimique ne suffit pas pour résoudre complétement la détermination des meilleures proportions; et peut-être même faut-il ajouter que la question n'est pas susceptible d'une solution catégorique.

77. La vérité est donc, qu'il importe de vérifier les données de la théorie par les résultats de la pratique; que l'une et l'autre doivent se donner la main, et que, même avec ce double appui, la fabrication de la poudre ne repose pas encore sur des bases certaines. Les procédés de fabrication ont

une influence considérable sur la qualité des produits; et l'expérience a prouvé que les mêmes proportions élémentaires donnaient des poudres de qualités fort différentes suivant les procédés employés.

M. Braddock donne ici, pour confirmer ses assertions, dans les §§ de son mémoire numérotés de 77 à 86 inclus, les résultats des expériences faites avec des poudres fabriquées soit avec les mêmes proportions et des procédés de fabrication différents, soit avec des proportions différentes et les mêmes procédés de fabrication. De ces expériences, analogues à celles du même genre qui ont été faites plusieurs fois en France, et que nous croyons inutile de rapporter, il déduit des conclusions analogues à celles formulées par les commissions françaises, à savoir : « que les procédés de carbonisation et de fabrication ont sur les diverses qualités de la poudre une influence plus grande que celle qui résulte des variations de proportion entre les éléments constitutifs de la poudre, lorsque ces variations sont comprises entre des limites assez resserrées. Ainsi, il est à remarquer, que pourvu que le salpêtre forme à peu près les trois quarts du mélange, les différences entre les deux autres éléments peuvent, dans une certaine mesure, varier suivant le système de fabrication, sans qu'il y ait de grandes variations dans les effets obtenus. »

SECTION IV.

MANIPULATION.

---

87. Quelle que soit l'importance des considérations déjà établies sur la pureté des substances destinées à la fabrication de la poudre, et la nécessité de déterminer dans certaines limites leurs proportions, tout ce qui se rattache aux procédés de fabrication est encore d'un intérêt peut-être plus grand ; car, malgré la pureté des substances et la justesse des proportions, si la fabrication est dirigée avec inattention, négligence ou inhabileté, il est hors de doute que les produits obtenus seront de qualité inférieure. On a des preuves nombreuses pour justifier cette assertion, et comme je l'ai déjà indiqué, *il a été reconnu que des différences notables, dans les produits, avaient été obtenues par l'emploi de procédés différents dans la fabrication.*

PULVÉRSATON.

88. Le salpêtre, le charbon et le soufre doivent être réduits d'abord à un état de division extrême ; plus la pulvérisation est complète, surtout pour le soufre, mieux elle est adaptée aux procédés d'une bonne fabrication. Dans les manufactures royales cette pulvérisation est exécutée par des meules tournant à l'aide d'un mécanisme, et les substances sont réduites à l'état de poudre impalpable ; pourvu qu'on obtienne ce résultat, peu importe le moyen employé, le plus

économique sera le meilleur. *A Madras le charbon est broyé entre des cylindres métalliques et il tombe de ces cylindres sur un tamis enfermé dans un tiroir où il est tamisé immédiatement.* Cette méthode de pulvérisation, simple, puissante et ingénieuse est bien supérieure à celle employée autrefois, qui consistait à battre le charbon avec un pilon dans des mortiers découverts. Je la crois aussi supérieure à celle des meules tournantes.

MÉLANGE OU COMPOSTON.

89. Dans les manufactures royales, le pesage et le mélange des matières sont faits par les mêmes ouvriers dans un seul atelier. A Madras, ces deux opérations sont entièrement distinctes; le mélange est rendu très-homogène et très-intime, chaque charge étant soumise pendant 4 heures à l'action d'un rouleau en bois dur.

Ce procédé de mélange est non-seulement nécessaire, mais même indispensable à cause du système de fabrication suivi à Madras. En Angleterre, le mélange des matières s'opère simplement en les remuant ensemble dans une tine. Ce moyen ne produit ni homogénéité, ni intimité dans le mélange, mais cet inconvénient est bien compensé par les autres procédés employés dans la série des manipulations.

90. Au Bengale, le mélange s'opère en plaçant les matières dans des tonnes mues soit à la main, soit par un mécanisme. Chaque tonne contient un certain nombre de petites sphères en cuivre d'un poids ensemble d'environ 50 livres. Ces tonnes sont garnies à l'intérieur de petite taquets qui dans la rotation donnent des secousses aux balles,

en sorte que si l'opération est continuée pendant un espace de temps convenable, le mélange ne peut manquer d'être complet. Au Bengale, cette opération dure ordinairement deux ou trois heures ; et je crois que ce serait une véritable amélioration d'introduire dans les manufactures royales cette méthode de mélange ; je crois aussi qu'il suffirait d'une heure et demie de rotation, le seul but qu'on doive se proposer dans cette opération étant d'obtenir un mélange intime.

TRITURATION.

91. Quels que soient les moyens employés pour produire l'intimité du mélange, il faut encore pour donner de la force à la composition, en un mot pour faire de la poudre, que les particules élémentaires soient réunies dans une union complète et compacte. C'est le but de la trituration. Les usines à pilons sont encore employées par quelques manufacturiers en Angleterre. D'après l'Encyclopédie de Rees, la meilleure poudre à mousquet est encore fabriquée à l'aide des pilons ; mais à Waltham-Abbey, comme dans toutes les poudreries de la compagnie des Indes, les usines à meules sont les seules employées.

92. Les Français obtiennent la trituration par deux moyens : le premier à l'aide d'usines à pilons qui battent 55 coups par minute et opèrent l'incorporation de 20 livres de mélange en six heures ; le second à l'aide de tonnes qui renferment environ 90 livres de sphères en métal de cloche. La quantité de composition placée dans chaque tonne est de 75 livres ; la vitesse de rotation étant de 35 à 40 tours

par minute, en deux heures la trituration est complète (1).

93. **A Madras**, on regarde la trituration comme suffisante après 100 tours de la meule ; mais dans les manufactures royales la trituration n'est complète qu'après un nombre de tours que l'on porte environ à 1350 ; cette différence doit exister entre la durée pour la trituration dans les deux pays, puisque en Angleterre les substances sont simplement mêlées, tandis qu'à Madras ce mélange est rendu intime par une opération particulière, avant la trituration. Mais après cette trituration, la poudre des manufactures royales est plus homogène que celle de Madras ; dans la galette anglaise on n'aperçoit plus lorsqu'on la brise des particules brillantes de soufre, toute la masse présente une texture compacte et uniforme, et l'on n'y aperçoit qu'une même teinte grise. Il n'en est pas ainsi pour la galette de Madras ; la cassure n'offre pas une belle couleur grise, mais un noir mat ; et la galette comme la poudre grenue a une apparence de rudesse et d'inégalité lorsqu'on la compare avec celle des manufactures royales.

94. L'absence de taches et de parties brillantes, la couleur grise et une certaine fluidité de la matière dans les derniers moments de l'opération (cette fluidité se reconnaît

---

(1) Le capitaine Braddock cite pour ces indications sur les poudreries françaises l'*Aide-Mémoire*, édit. de 1819. Il est inutile de faire remarquer que plusieurs des renseignements donnés par l'*Aide-Mémoire* sont erronés. D'ailleurs les règlements ont été modifiés depuis cette époque.

parce que la composition semble glisser comme du mercure pour éviter en quelque sorte la pression de la meule) sont les indications pratiques auxquelles les ouvriers expérimentés reconnaissent qu'il est temps de faire cesser l'action des meules. La trituration est continuée jusqu'à ce que ces indications paraissent, alors on reconnaît que l'opération a été bien conduite et qu'elle est complète. Il est aisé de conclure que la durée de cette opération ne peut pas être précisée avec une exactitude mathématique, mais que sa détermination exige au contraire quelque habitude pratique. C'est du reste un fait bien connu, que les vieux ouvriers attachés depuis longtemps au service des usines à meules dans les poudreries royales, fabriquent de la poudre de meilleure qualité que les ouvriers récemment admis.

95. En Angleterre, on emploie deux ou trois pintes d'eau pour humecter pendant la trituration une charge de 42 livres ; mais cette quantité est encore variable suivant la température et le degré d'humidité de l'atmosphère. *Des changements subits dans l'état atmosphérique ont une influence notable sur la trituration de la poudre.* Les ouvriers les plus habiles accélèrent ou retardent le mouvement des meules suivant l'état de l'atmosphère. Il serait désirable qu'une quantité exacte d'eau pût être mêlée avec la charge au commencement de l'opération ; mais il est souvent besoin d'un léger arrosage après deux heures de travail, car si la composition était trop sèche, la trituration ne se ferait pas bien. On attache une grande importance dans les poudreries anglaises à la quantité d'eau employée, et on considère cette quantité comme ayant une influence notable sur la bonté et la force de la poudre. La règle est d'en employer le moins possible ; mais la quantité exacte est sujette à des

variations, et ne peut être déterminée que par l'expérience et une connaissance pratique (1).

96. Les meules de trituration sont mues à Waltham-Abbey par un moteur hydraulique. Elles font sept révolutions et demie par minute. La quantité de composition qui est placée sous la meule pour une opération s'appelle charge; la charge ordinaire est de 42 livres, elle est soumise à trois heures de trituration. On voit par là que la meule fait de 1300 à 1350 révolutions pour la trituration complète de 42 livres de composition. Les meules sont en calcaire d'un gris foncé, d'une nature compacte et résistante, dont on ne peut détacher aisément des parcelles. Ces meules sont des cylindres de 6 pieds de diamètre sur un pied et demi d'épaisseur, le poids de chacune d'elles est d'environ 3 tonnes ou environ 3,000 kilog.; la meule dormante est du même calcaire que les meules mobiles, son diamètre est de 7 pieds, son épaisseur est d'un pied et demi. En portant à 6 tonnes (ou 6,000 k.) le poids des deux meules, il s'ensuit que dans l'espace de trois heures et à 7 révolutions et demie par minute, les 42 livres de composition sont soumises à une pression de 8,100 tonnes (ou 8,100,000 kilog.). C'est l'action d'une trituration aussi longue, aussi puissante et qui mêle si intimement les substances, qui sert de compensation à l'imperfection du mélange effectué avant la trituration, et produit dans la matière les apparences particulières qui ont été décrites dans les paragraphes 93 et 94.

____

(1) Ce règlement de l'arrosage pendant la trituration étant d'une grande importance, on a mis en essai des arrosoirs mécaniques dans les usines à meules du Bouchet.

97. Les meules en bronze employées à Madras pèsent environ 4 tonnes et demie chacune. La paire de meules étant d'un poids de 9 tonnes et le nombre des révolutions étant fixé à 100, la pression exercée sur la composition est de 900 tonnes. De plus, la charge placée sous les meules de Madras est de 60 livres, c'est-à-dire supérieure à peu près de moitié à la charge anglaise ; enfin, au 80ᵉ tour des meules, le poussier qui provient du grenoir est ajouté à la composition, et le tout est trituré et galeté à l'aide de 20 tours de meule pour compléter le nombre total de 100 révolutions fixé par le règlement. Il suit de ce procédé que la poudre de Madras est soumise à une trituration qui n'est guère que la 13ᵉ partie de celle adoptée dans la fabrication des poudres anglaises (1).

98. Il y a un certain point au delà duquel il devient inutile de poursuivre le procédé de trituration ; mais la détermination de cette limite est précisément la chose difficile, car j'ai de bonnes raisons pour penser qu'elle doit varier suivant les divers systèmes de fabrication. J'ai montré dans les paragraphes 94 et 96, quelles étaient les indications qui pouvaient établir d'une manière générale la durée de l'opération, mais j'ai fait sentir aussi que ces indications ne pouvaient fixer d'une manière précise et mathématique les limites certaines de cette durée. On peut donc croire que ce nombre exact de 100 tours qui est adopté

---

(1) On sera moins surpris de cette énorme différence dans la durée de la trituration sous les meules, en se rappelant qu'il a été dit au paragraphe 95 que le mélange était opéré d'abord dans les Indes par une opération particulière.

à la manufacture de Madras, a été fixé d'une manière empirique plutôt que par une appréciation judicieuse ; je dois donc faire connaître quelles sont les raisons que le capitaine Bishop donne à l'appui du système qu'il a établi.

99. « Pour déterminer, dit le capitaine Bishop, le maximum d'effet des meules, une charge de 60 livres de composition fut soumise à leur action depuis le lever jusqu'au coucher du soleil. La poudre faite avec cette composition fut éprouvée et donna des résultats bien inférieurs à ceux obtenus avec une composition soumise seulement à 100 tours de meule. Une partie de cette poudre ayant été mise à part et soumise pendant plusieurs années à de fréquentes épreuves, donna toujours la même infériorité de résultats. On ne peut pas supposer que pendant cette longue trituration, la composition avait perdu une partie de ses éléments, car pendant toute la durée de l'opération elle avait été maintenue au degré d'humidité convenable pour empêcher la perte d'aucune de ses molécules. C'était sans contredit pousser le procédé à l'extrême et dépasser de beaucoup le maximum d'effet. Mais c'était avec intention qu'on avait opéré ainsi pour partir de ce point extrême et marcher ensuite graduellement à la découverte de cette limite qui préciserait la durée de l'opération pour obtenir l'effet maximum. Des quantités semblables de composition furent soumises à l'action de 1,000, 500, 400, 300 et 200 tours de meules, et les résultats donnés par les poudres ainsi fabriquées se maintinrent dans une échelle correspondante d'infériorité. Le maximum d'effet parut obtenu par 100 tours de meules, quoique l'on n'obtint que très-peu de différence avec 75 tours ; ces différences n'étaient guère plus sensibles avec 150 ou 120 tours ; comme il devenait im-

possible de déterminer plus rigoureusement la limite, le maximum fut fixé à 100 tours; et une longue expérience nous a confirmé dans l'opinion que cette détermination était rapprochée autant que possible du maximum exact. »

100. Pourtant, à mon avis, la poudre de Madras n'est point suffisamment triturée, comme cela résulte, du reste, des épreuves au mortier de 8 pouces avec une charge de deux onces. Dans cette méthode d'épreuve son infériorité avec la poudre anglaise est évidente; et cette infériorité est encore plus grande lorsqu'elle est passée et lissée.

101. Dans l'Aide-Mémoire français, page 107, édition 1819, on indique les résultats de quelques expériences faites en France en 1816, pour déterminer la durée de la trituration par le battage dans les usines à pilons. Il résulte de ces expériences qu'un battage de 17 heures n'a pas donné une poudre plus forte que celle obtenue par un battage de huit heures. Les portées en mètres sont indiquées comme il suit :

$$
\begin{aligned}
&\text{Battage de } \quad 8 \text{ heures,} \qquad \text{portée} \quad 260^{m}5. \\
&\qquad\qquad 11 \quad - \qquad\qquad - \quad 261^{m}5. \\
&\qquad\qquad 14 \quad - \qquad\qquad\qquad\; 262^{m}6. \\
&\qquad\qquad 17 \quad - \qquad\qquad - \quad 258^{m}4.
\end{aligned}
$$

Ces expériences concordent avec les précédentes pour prouver qu'il y a un certain degré maximum pour le procédé de trituration au delà duquel la continuation de l'opération ne donne plus à la poudre aucune augmentation de force.

102. L'usage de mêler le poussier de la poudre avec la

composition primitive n'est point admis dans les poudreries anglaises. Lorsqu'on employait des moulins à manége
à Waltham-Abbey (ces moulins sont maintenant abandon-
nés), ces moulins servaient à la trituration du poussier
obtenu dans les diverses usines de l'établissement. La durée de temps fixée pour la trituration d'une charge de ce
poussier était d'une heure et demie. La poudre obtenue avec
ce poussier remanié n'acquérait pas une augmentation de
force par cette trituration additionnelle; elle est tout au
contraire moins forte et moins régulière dans ses effets que
la poudre fabriquée avec la composition primitive. Avec
des circonstances atmosphériques favorables, le poussier est
quelquefois soumis à l'action de la presse sans avoir été tra-
vaillé; la galette obtenue à l'aide de la presse est plus dure
que celle donnée par les moulins et fournit une poudre d'un
grain ferme et durable; mais cette poudre, comme celle
obtenue par une seconde trituration, est quelque peu inférieure à la poudre fabriquée avec la composition primitive.
Cette infériorité tient peut-être à ce qu'elle renferme moins
de charbon, le plus volatil de ses éléments constitutifs, dont
une partie notable peut avoir été enlevée par suite des procédés de fabrication.

103. Les moulins à manége de cheval dont je viens de
parler comme employés autrefois à Waltham-Abbey, peuvent être considérés comme produisant le même effet utile
que les moulins à manége de bœuf employés à Madras :
comme je l'ai déjà dit, ils ne servaient point pour la trituration de la composition primitive, étant considérés
comme inférieurs aux moulins mus par un moteur hydraulique, quoique la durée de la trituration étant double dans

le premier cas, le nombre de tours de meules était à peu près
le même.

104. Je dois à ce sujet ajouter une observation extraite de
mon livre de notes pendant que j'étais attaché à la poudrerie royale de Waltham-Abbey. Je trouve que la trituration
produite par l'action d'un moulin hydraulique fonctionnant
pendant une heure et demie, est aussi intime que celle obtenue par l'action d'un moulin à manége fonctionnant pendant six heures. Dans ces deux périodes de temps le moulin
hydraulique avait fait 675 révolutions, et le moulin à manége 1080 (ou le premier 75 tours par minute et le second
seulement 3). Cette remarque pratique tend à montrer seulement qu'une certaine vitesse de rotation est nécessaire
pour les meules de trituration. *Je suis au reste de cette opinion, et je demeure persuadé, par l'expérience, qu'une certaine
rapidité dans la trituration est nécessaire pour obtenir de la
poudre de première qualité;* je ne saurais toutefois en expliquer la cause.

105. Les usines à pilons donnent aussi, dit-on, de la
poudre de bonne qualité; ils battent de 50 à 60 coups par
minute; leur effet peut être assimilé jusqu'à un certain
point à celui produit par le mouvement rapide des meules
mues par un moteur hydraulique. Les usines à pilon et à
meules ont des propriétés communes : elles pressent, mê-
lent, triturent et rendent compacte la composition, les
unes par la chute rapide d'un poids lourd, les autres par
l'action continue d'une pression considérable; les moyens
sont différents, mais les effets produits sont analogues.
Toutes les fois que les circonstances le permettent, il faut
introduire et établir d'une manière permanente dans les

poudreries un mode de trituration à l'aide d'un moteur rapide. Il y a dans ce cas double avantage, car l'on obtient des produits supérieurs et à moins de frais; puisqu'on a besoin de moins de machines et de moins de locaux pour la trituration, quel que soit le système de fabrication adopté. Pour cette opération de la trituration, nous pensons que les usines à meules sont préférables aux usines à pilons, quoique les Français aiment mieux ces dernières. Des expériences faites au Bengale en 1828 montrent que la poudre française est bien supérieure pour les grandes portées aux poudres fabriquées dans l'Inde. Il est très-probable que cette poudre française était de la poudre de pilons, car cette méthode de trituration est, à ce que je crois, la plus généralement adoptée en France. Toutefois, comme j'ai vu sur le rapport officiel de ces expériences que le baril français était marqué d'un P. C. (1), il pourrait se faire que cette poudre fût de la poudre Champy, auquel cas elle aurait été obtenue par les tonnes de trituration. Mais même dans ce cas, ce que j'ai avancé sur les bons effets d'un mouvement rapide pour la trituration n'en subsisterait pas moins, car dans ce système elle est obtenue par des chocs précipités. Toutefois, je ne pense pas jusqu'à preuve du contraire que cette méthode de trituration donne de la poudre d'aussi bonne qualité que celle obtenue avec des meules mues par un moteur hydraulique.

---

(1) Ces initiales P. C. placées sur les barils de poudre française désignent la poudre à canon.

(Note du traducteur.)

USINES DE MADRAS.

106. Comparées aux usines des manufactures royales d'Angleterre, les usines de Madras sont fort inférieures, tant sous le rapport des machines que sous celui de l'exécution du travail. Des inégalités dans les meules roulantes ou dormantes les feraient réformer aussitôt en Angleterre. Sans aucun doute ces défauts ne sont des recommandations nulle part, mais on pourrait y remédier successivement sans grand surcroît de dépense ; car, si lorsqu'une usine demande une réparation, soit un lit nouveau, soit un polissage des meules, si ces réparations étaient dirigées avec une surveillance éclairée, il n'y aurait pas d'obstacle insurmontable à ce que le mécanisme exécutât son service aussi bien dans les Indes qu'en Angleterre.

107. *Je crois que les lits en pierre convenable sont préférables à ceux en métal, même avec l'emploi actuel des meules en bronze.* Les lits ou tables métalliques employées à Madras sont exposés à présenter des creux et à perdre leur horizontalité primitive ; le métal se comporte inégalement, soit dans les meules, soit dans la table. J'ai remarqué que les parties les plus molles cèdent et laissent saillantes les parties les plus dures. Les pierres dont on fait usage dans les usines à meules des poudreries ne présentent pas ces défauts naturels, et je ne me rappelle pas avoir vu une table en pierre convenablement placée sur un lit de maçonnerie disposé pour la recevoir, qui ait jamais éprouvé aucune déviation de cette position primitive. La surface de la table et des meules doit être douce et unie, ne présenter ni cavités, ni aspérités. Une usine doit

être considérée comme en mauvais état lorsque la table et les meules ne présentent pas ces conditions.

108. Le releveur ou repoussoir (plough) est un instrument dont l'emploi diminue la dépense du travail manuel, et je ne vois aucune objection à son usage dans les usines de trituration (1). Lorsque ces releveurs sont bien construits ils peuvent remplir convenablement et avec toute sécurité le but qu'on se popose. Dans les usines de Madras on employait autrefois 4 ouvriers, et maintenant encore deux sont occupés à faire le travail que le releveur pourrait produire, c'est-à-dire empêcher la composition de se répandre sur les côtés de la table, la pousser vers le centre, et la placer ainsi sous l'action des meules. Dans chaque usine, la dépense des ouvriers qui sont employés à ce travail pourrait être épargnées ; toutefois, je dois ajouter que dans l'état actuel des usines de la poudrerie de Madras, l'emploi du releveur ne serait peut-être pas sans danger.

109. Le travail des releveurs doit être préféré à l'opération manuelle des ouvriers à cause de la continuité régulière de son action. Cette continuité régulière est un point de grande importance dans le procédé de trituration, car il est essentiel pour sa perfection qu'aucune partie de la composition n'échappe à l'action des meules. L'indolence, l'inattention, la négligence, le manque d'habileté sont des défauts qu'on n'a jamais occasion de reprocher aux releveurs ;

---

(1) Dans les usines à meules actuellement en service dans quelques-unes des poudreries françaises, les meules sont pourvues de repoussoirs ou releveurs mécaniques.

leur action est constante et certaine ; or, dans les diverses opérations qu'exige la fabrication de la poudre, moins il y a de différences d'exécution, plus il y a de chances pour que la poudre fabriquée soit uniforme, homogène, et régulière dans ses effets pratiques.

110. Après la trituration des éléments constitutifs, on peut dire que la poudre est faite. Si l'on fait grener et sécher la composition triturée, on lui donne toute la force que la fabrication peut lui donner.

111. Ce procédé de fabrication est celui qui est suivi à Madras ; mais dans les poudreries royales d'Angleterre, la galette des meules est soumise à l'action de la presse avant d'être grenée et elle est lissée après le grenage.

GRENAGE.

112. La nécessité de cette opération résulte de l'inconvénient qu'il y aurait dans la pratique à employer de la poudre en galette, et de ce fait que la poudre laissée à l'état de masse compacte brûle sans faire explosion. Si l'on met le feu à un fragment solide de galette provenant soit des meules, soit de la presse, la poudre ne s'enflammera pas avec une explosion instantanée comme cela aurait lieu si elle avait été préalablement réduite en grains, mais elle donnera lieu à une combustion très-intense (1). Ce fait nous apprend que

---

(1) Il est inutile de rappeler que les principaux phénomènes produits pendant la combustion de la poudre ont été décrits dans les savants *Mémoires* du colonel Piobert.

l'explosion d'un tas de poudre est due à la combustion rapide de toutes ses parties ; là où la poudre est en contact avec
un corps enflammé, là commence la combustion qui se pro-
page jusqu'à ce que tout le tas soit consumé. Cette action
successive, quoique bien connue, est pourtant si rapide,
même pour une quantité considérable de poudre, qu'on di-
rait qu'il n'y a qu'une seule et subite expansion de flamme,
quoique réellement et analytiquement il ne puisse en être
ainsi. Nous traiterons du reste cette question avec plus de
détails quand nous arriverons à parler de la combustion de
la poudre.

113. *Pour ce qui est relatif au grenage, voici les deux
points* à examiner : *Convient-il de grener la poudre en gros
grain, ou en grain fin ?*

114. Dans toutes les questions pratiques qui ont rapport
à la nature et aux effets de la poudre, il me paraît que l'influence du système de fabrication est si intimement liée
aux résultats fournis par les épreuves, que des observations
nombreuses, parfaitement vraies lorsqu'on les considère en
ayant égard à une poudre particulière et aux épreuves dont
elle a été l'objet, perdent toute leur vérité et deviennent
inapplicables aussitôt qu'on veut les détourner du cas particulier qu'on avait en vue, pour les généraliser en les appli-
quant à d'autres espèces de poudre soumises à des épreuves
absolument semblables. De là vient la difficulté d'établir des
principes généraux ; c'est sans doute aussi à cette même
cause qu'il faut attribuer les nombreuses contradictions et
les invraisemblances que l'on rencontre si souvent chez les
auteurs qui ont écrit sur la poudre. Ces remarques se rapportent à la question actuelle ; car il y a des expériences

pratiques qui viennent à l'appui de cette assertion : que, si des différences dans la grosseur du grain ne donnent aucune variation dans les effets pratiques de certaines poudres, il en est d'autres au contraire pour lesquelles les différences de grenage produisent des effets très-inégaux.

115. La grosseur du grain de poudre est considérée par plusieurs comme un objet de la plus haute importance, et un auteur a consacré dans le *Bulletin des sciences militaires* vingt-huit pages d'imprimerie à prouver que dans tous les cas la poudre doit être grenée en fin. Mais entre tous les écrits inutiles, les plus mauvais sans contredit sont ceux qui traitent de la poudre lorsqu'ils ne sont pas accompagnés de connaissances pratiques et d'expériences nombreuses. *Quant à la poudre qui se fabrique dans les manufactures royales d'Angleterre, la grosseur du grain ne paraît pas avoir d'influence lorsque la charge est de deux livres et au-dessus ; mais dans certains cas et avec des charges moindres, le grain fin donne de plus grandes portées que le gros grain* (1). Toutefois,

---

(1) La poudre grenée fin est plus forte pour les petites charges, et, par suite, préférable pour le mousquet ; la poudre à gros grain est meilleure pour les fortes charges, et préférable pour le canon, comme il a été établi par de nombreuses expériences.

Lieutenant général CONGRÈVE.

Cette assertion du général Congrève, relativement au meilleur emploi de la poudre grenée en fin pour les charges à mousquet, paraît infirmée par des expériences récentes faites en France dans les diverses manufactures d'armes. Pour les nouveaux fusils à percussion, il a été reconnu dans tous ces établissements que le nombre des

aucun des deux ne paraît avoir l'avantage d'assurer plus de
régularité dans les effets pratiques; et en ayant égard à
un certain nombre de coups, les portées obtenues avec
l'un des deux grains varient entre elles autant que celles obtenues avec l'autre.

116. Les Français emploient ou pour mieux dire n'em-
ployaient qu'une seule espèce de poudre grenée en fin pour
toutes les armes à feu, mais dans les poudreries royales
d'Angleterre la poudre est grenée de deux manières, grain à
canon et grain à mousquet. Fabriquer de la poudre à grain
fin est, suivant le système anglais, plus coûteux que grener à
gros grain; et comme pour la poudre à canon de nos fabri-
ques il n'y aurait aucun avantage marqué à la grener plus
fin, il ne serait ni économique ni rationnel d'augmenter la
dépense sans résultat profitable. Quant à l'influence que la
grosseur du grain peut avoir sur d'autres poudres lorsqu'on
les emploie en grande quantité, je n'ai pas assez de documents pour la déterminer.

117. D'après un petit tableau dressé par moi, il paraîtrait
que pour les fortes charges de nos poudres anglaises, la
grosseur du grain ne donne aucune différence dans les portées. Pour les petites charges les différences varient de $\frac{1}{5}$ en
faveur des poudres grenées en fin de Waltham-Abbey. Pour
quelques poudres indiennes ces différences ont été jus-
qu'au $\frac{1}{3}$ et même à $\frac{1}{2}$. Mais mes expériences n'ont pas été

---

ratés était plus considérable en essayant la poudre de chasse ordinaire
dont on avait pensé d'abord que l'emploi pourrait être préférable à
celui de la poudre à mousquet.   *Note du traducteur.*

assez nombreuses pour pouvoir en déduire quelques conclusions.

COMPRESSION ET LISSAGE.

118. La presse hydrostatique de Bramah, ou une presse
à vis et vindax sont les machines au moyen desquelles on
augmente la densité de la poudre. La poudre triturée ou
galette des meules est placée sur le lit de la presse en cou-
ches séparées par des feuilles de cuivre, et lorsque le pressage est terminé, elle forme des gâteaux larges, épais et solides qui sont désignés sous le nom de *galette des presses*. La
galette des meules de Waltham-Abbey était soumise par la
presse à une pression dont l'évaluation théorique était d'environ 70 ou 75 tonnes par pied carré. Mais le frottement des
vis dans les écrous étant très-grand et variable, on ne peut
indiquer d'une manière précise le degré de pression appli-
qué à la poudre par cette opération.

119. La galette pressée est concassée avec des maillets en
bois et réduite en morceaux de la grosseur d'une noisette.
Dans cet état on porte la poudre au grenoir, où le grenage
s'opère en la jetant dans des tamis en peau, disposés dans
un large cadre suspendu aux poutres par des cordes et tra-
versé par un arbre vertical coudé qui lui imprime un mouvement de rotation et d'oscillation aux tamis. Chaque tamis
porte deux tourteaux en bois dur, *lignum vitæ* (gaïac), qui
broient la galette entre leurs bords et le fond du tamis ; ce
fond est percé de trous du diamètre qu'on veut donner au
grain, en sorte qu'il passe à travers lorsqu'il a atteint la grosseur convenable. Ce grain tombe sur un second tamis en
crin ; par cette disposition le grain est arrêté sur le fond de

ce second tamis, tandis que le poussier passe au travers et est reçu dans un tiroir placé au-dessous du grand cadre.

120. Sir William Congrève avait inventé une machine au moyen de laquelle la galette de la presse passait entre des cylindres cannelés qui opéraient le grenage; ce procédé était à la fois simple et expéditif. Je ne sais quelles sont les objections pratiques que l'on a pu élever contre l'usage de cette machine, mais son emploi est peu fréquent en Angleterre. Le principe sur lequel elle est établie, m'a toujours paru depuis plusieurs années très-applicable à la granulation de la poudre, et à moins qu'il n'y ait dans l'emploi de la machine quelque danger ou quelque surcroît de dépense, je ne vois aucun obstacle à ce qu'elle remplisse convenablement le but qu'on se propose (1).

121. A l'aide de tamis en toile métallique de différente épaisseur, les grains de diverses grosseurs sont séparés et classés. Après cette opération la poudre reçoit le lissage, savoir : la poudre à canon dans un blutoir formé d'une étoffe forte et très-serrée, tournant pendant une heure et demie à la vitesse de 40 tours par minute; la poudre à mousquet et celle de carabine (rifle-powder) dans une tonne de lissage dont la surface intérieure est polie et qui tourne avec la même vitesse que le blutoir. Dans les deux cas le frottement des grains les uns sur les autres et contre les parois du blutoir ou de la tonne fait disparaître les aspérités, donne aux grains plus

____

(1) C'est probablement cette machine du général Congrève, que **M.** le colonel Morin a signalée comme employée à la poudrerie d'Honslow.

de rondeur et finit par rendre leur surface douce et polie.

Ainsi se pratiquent successivement les trois opérations de la compression, du grenage et du lissage.

AVANTAGES DE CES PROCÉDÉS.

122. Comme les poudres même de meilleure qualité sont très-sensibles à l'action de l'humidité à cause des propriétés hygrométriques du charbon, l'action de la presse et du lissage est toujours d'un bon effet, et dans certains cas elle est indispensable, car il est essentiel non-seulement que la poudre ait, au moment de sa fabrication, une grande force d'impulsion, mais encore qu'elle conserve cette force pendant une longue période d'années. Pour obtenir ce résultat on n'a trouvé jusqu'à présent d'autre moyen que celui de donner à la poudre une densité convenable, et un certain poli à la surface du grain.

123. Les opérations de la compression et du lissage donnent à la poudre ces conditions de durée. Elles lui permettent de mieux supporter les secousses et les chocs du transport, et la rendent moins susceptible de se détériorer lorsqu'elle est conservée en magasins, ou soumise à l'action d'une atmosphère humide. Tous ces avantages sont signalés comme il suit dans le rapport sur les épreuves faites aux dunes de Marlborough en 1811.

124. « La poudre faite avec la galette des meules ne peut conserver sa force, parce que les grains sont mous et poreux et attirent par suite l'humidité comme une éponge. De la poudre de cette espèce, fabriquée en 1789, n'a plus donné en l'année 1811 que des portées de 3628 yards.

125. » La poudre fabriquée avec une petite galette fortement soumise à l'action de la presse a un grain plus ferme
et plus dense, et par conséquent elle est moins exposée à
absorber l'humidité. Une charge de cette poudre prise en
même quantité que la poudre non pressée a donné avec la
même bouche à feu des portées de 4193 yards, quoique sa
fabrication fût antérieure de cinq années.

126. » La poudre lissée modérément est plus durable que
la poudre non lissée, parce que ses grains sont plus durs et
sont moins susceptibles d'absorber l'humidité. »

127. Un autre avantage que l'on attribue à l'action de la
presse c'est de donner plus de régularité aux effets balistiques de la poudre. Lorsqu'on retire la composition des
usines de trituration, une partie est en fragments durs
comme des ardoises épaisses, une partie en petits tas qui s'é-
crasent aisément, et enfin une partie en poussier. Il en résulte que la densité n'est pas égale dans toute la masse; et
comme cette densité a l'influence la plus notable sur les effets pratiques, il faut, autant que faire se peut, la rendre la
même pour tous les grains. Pour obtenir ce résultat on place
toujours dans les poudreries royales la même quantité de
poudre sous la presse dont l'action s'exerce pendant un
temps qui est aussi fixé. Par ce moyen on obtient une
densité aussi uniforme que les moyens mécaniques peuvent la donner. Ce résultat assure l'avantage que l'on veut
obtenir, c'est-à-dire que les effets balistiques de la poudre
soient à peu près réguliers dans les diverses circonstances
du service.

INCONVÉNIENTS DE CES PROCÉDÉS.

128. Les avantages de l'action de la presse et du lissage sont absolus; l'inconvénient, si l'on peut toutefois employer ce mot, est plutôt imaginaire que réel, à moins que la poudre ne soit de qualité inférieure. Ces opérations diminuent la rapidité de la combustion, et par suite, elles diminuent aussi dans tous les cas ordinaires la force d'impulsion de la poudre. On a estimé que cette diminution pouvait aller jusqu'à un $\frac{1}{3}$ ou $\frac{1}{4}$ de la portée, c'est-à-dire que si une certaine charge de la poudre des meules donne une portée de 1000 yards, la même charge de la même poudre soumise à la presse et au lissage ne donne plus qu'une portée de 750 à 800 yards. Ces résultats ne s'appliquent qu'aux poudres de fabrication récente. Nous avons vu parag. 125 qu'il n'en était plus ainsi lorsqu'elles ont de 20 à 30 ans de fabrication : alors au contraire les poudres pressées et lissées donnent des portées supérieures (1).

129. C'est un fait bien connu que la poudre pressée et lissée ne donne pas d'aussi grandes portées que la poudre provenant de la galette des meules. L'honorable M. Napier, pendant qu'il était surintendant du laboratoire royal de Woolwich, a trouvé sur une moyenne de 600 épreuves que le pressage et le lissage de la poudre diminuait sa force de $\frac{1}{8}$ si elle était de bonne qualité, et presque de $\frac{1}{4}$ lors-

---

(1) Il est aujourd'hui à peu près généralement admis chez toutes les puissances européennes que le procédé du lissage est d'un bon effet pour la conservation des poudres.

qu'elle est de qualité inférieure. Cette moyenne de diminution en portées correspond exactement avec celle d'épreuves faites par moi sur des poudres fabriquées à Madras en 1813 d'après le système de fabrication anglaise. La diminution en portée était un peu plus que $\frac{1}{5}$, mais un peu moins que $\frac{1}{4}$ Mais le degré de densité de la poudre et la grosseur du grain doivent modifier beaucoup les résultats des épreuves faites pour déterminer les diminutions des portées.

130. Des expériences faites au mont Saint-Thomas en septembre 1829, viennent servir de preuve au principe qui est en discussion. Les poudres employées étaient de même qualité et de même fabrication, seulement l'une d'elles avait été pressée et lissée, tandis que l'autre n'avait pas subi ces opérations. On faisait usage d'une poudre anglaise pour type de comparaison.

131. Les portées moyennes obtenues dans ces épreuves montrent que les diminutions de $\frac{1}{5}$ et $\frac{1}{4}$ dans les portées ne sont pas dans tous les cas des limites suffisantes pour comprendre les diminutions de portée causées par l'action de la presse et du lissage. Dans ces épreuves les diminutions des portées données par la poudre pressée et lissée ont été comprises entre $\frac{1}{3}$ et $\frac{1}{5}$ des portées fournies par la poudre non pressée. Il faut remarquer toutefois que le grain de la poudre de Madras était plus gros que celui de la poudre à canon anglaise, et *comme la grosseur du grain influe sans contredit sur les portées de cette poudre, il est probable que les différences obtenues ont été plus grandes qu'elles n'eussent été si la grosseur du grain avait été moindre.*

132. Les grandes différences obtenues entre la poudre pressée et lissée de Madras et la poudre anglaise ne peuvent manquer d'être remarquées. Je crois que ces expériences de 1829 sont les premières où l'on ait mis en comparaison les poudres denses de Madras avec les poudres anglaises. Dans toutes les épreuves de 1813 et 1814 entre les poudres de Madras et de Waltham-Abbey, on avait le tort de comparer une poudre légère, poreuse, non pressée et non lissée, à une poudre de grande densité dont le grain avait une surface dure et polie; il suit de là que la plupart de ces épreuves ne peuvent donner que des résultats erronés. Les expériences du mont Saint-Thomas mettent dans leur véritable jour les caractères des poudres anglaises et indiennes, et dissiperont l'opinion longtemps accréditée que ces poudres avaient à peu près les mêmes qualités. Il est aussi très-important de remarquer combien est grande l'influence des procédés de fabrication sur les effets pratiques de la poudre; il est par suite indispensable d'avoir une connaissance complète du sujet, lorsque les qualités de différentes espèces de poudre et le mérite des divers systèmes de fabrication deviennent le sujet d'études qui doivent donner lieu à un examen critique.

133. Il n'est peut-être pas nécessaire de rechercher pour quelles causes une poudre dense donne des portées moindres qu'une poudre plus légère de même fabrication. Il suffit de constater le fait. Mais si l'on regarde ces causes comme dignes de fixer l'attention, je dirai qu'à *mon avis il n'y a pas pour les poudres denses perte de force réelle, ou diminution dans le dégagement des fluides élastiques, il y a seulement plus de lenteur dans leur développement. Je crois qu'une poudre légère, de faible densité, donne des portées plus grandes*

qu'une poudre de densité supérieure, uniquement parce qu'elle fait explosion avec plus de rapidité; c'est (pour me servir d'une comparaison familière en Angleterre) parce que les copeaux brûlent plus vite que les éclats et les éclats plus vite que les blocs de bois. Mais le temps change cet ordre de faits en le renversant; *la porosité d'une poudre légère la rend plus sensible aux détériorations ; elle absorbe plus l'humidité que la poudre dense, et l'avantage qu'elle avait immédiatement après la fabrication se perd vite lorsqu'elle vieillit et qu'elle est conservée* pour approvisionnement.

SÉCHAGE.

134. Les deux dernières opérations de la fabrication de la poudre sont le séchage et l'embarillage.

135. La poudre doit être parfaitement séchée, mais non par une température trop élevée; une température de 140 ou 150 degrés Farenheit (de 60 à 65 degrés) est suffisante. Il importe peu que le séchage s'opère par la chaleur solaire, par la radiation d'un fer rouge, comme dans un poêle, ou par la chaleur produite par la vapeur. Les poudres sont séchées par ces deux derniers procédés dans les manufactures royales. La poudre ne doit être exposée que graduellement à la température voulue. La durée de l'opération dépend du procédé employé pour le séchage.

135 (*bis*). De la poudre avariée, mais qui n'a pourtant pas trop souffert, peut être rendue propre au service par un nouveau séchage en séparant le poussier. Avant d'être séchée il faut qu'elle soit passée à travers un tamis pour briser les grumeaux et séparer les matières étrangères. Lorsque la poudre

a été complétement avariée, il faut en retirer le salpêtre par dissolution et en faisant ensuite filtrer et cristalliser la liqueur obtenue.

135 (*ter*). Je transcris ici un passage assez curieux consigné dans un rapport officiel adressé au comité militaire de Madras sur un procédé de séchage proposé en 1801 et 1802. « La poudre fait explosion à la température de 600 degrés Farenheit (ou 315 cent.); au-dessous de ce degré elle ne fait jamais explosion. Lorsque la poudre est exposée à une température de 500 degrés, sa composition intime se modifie; non-seulement toute l'humidité est chassée, mais le salpêtre et le soufre entrent en fusion. La poudre, lorsqu'elle est refroidie après cette opération, a changé de couleur, et du gris elle est passée au noir mat; le grain est devenu très-dur, et si on l'expose à un air humide il ne subit plus aucune altération, car il n'absorbe plus l'humidité. La poudre qui a été soumise à ce procédé de séchage, si toutes les opérations antérieures de la fabrication ont été bien conduites, approche de la perfection autant que faire se peut, car ayant la propriété de résister à l'humidité, elle peut être conservée pendant une longue période d'années sans former gâteau ou sans rien perdre de son énergie.

135 (*quater*). Le hardi procédé par lequel le lieutenant Bishop propose de remédier à l'absorption de l'humidité en soumettant la poudre parvenue au dernier degré de fabrication à une température de 500 degrés Farenheit (ou 200 degrés cent.), dans le but de chasser toute humidité et d'opérer la fusion du salpêtre et du soufre, est une conception très-ingénieuse et dont cet officier attend les meilleurs résultats. « Nous avons des motifs d'espérer que ce procédé en apparence si péril-

leux pourrait diminuer les dangers de la fabrication, car l'état d'humidité complète où on laisserait la composition durant le travail des meules diminuerait les dangers si fréquents de cette opération. Il semble que l'état d'humidité complète est une condition nécessaire pour employer le procédé de séchage du capitaine Bishop, car si la composition n'était pas dans cet état, la fusion ne pourrait avoir lieu d'une manière convenable. » Au reste ce procédé n'a jamais été employé d'une manière pratique.

135 (*quinquies*). L'épreuve suivante faite sur un échantillon de poudre ainsi séchée, mérite d'être signalée. « Cent grains d'une poudre qui avait été soumise à cette fusion, furent exposés sur une feuille de papier, pendant toute la durée de la mousson du nord-est dans un lieu exposé au nord. Cent grains de la même poudre, mais qui n'avait pas subi la même opération, furent placés aussi dans la même exposition. La première poudre n'augmenta pas en poids et par conséquent n'avait pas absorbé d'humidité; la seconde au contraire avait été réduite en une espèce de pâte par l'action atmosphérique.

EMBARILLAGE OU ENFONÇAGE.

136. Après que la poudre a été entièrement séchée, il faut encore lui faire subir un tamisage ou un vannage, dans le double but de la refroidir et de l'épousseter avant qu'elle ne soit mise en barils. Si la poudre est encore chaude lorsqu'elle est embarillée, elle forme bientôt des grumeaux qui adhèrent aux parois et finissent par y former des croûtes.

137. Il n'est pas sans intérêt d'indiquer ici quelles sont

les différentes marques dont on se sert pour désigner les diverses espèces de poudre fabriquées dans les manufactures royales d'Angleterre.

Pour les poudres de première fabrication elles sont désignées comme il suit :

Poudre à canon.   n°s 1, 2.
Poudre à mousquet.   n° 3.
Poudre du grain le plus fin. S. A. pour petites armes (small arms).

Pour les poudres qui ont été fabriquées avec du poussier retravaillé ou avec une galette provenant du poussier, les indications sont :

Poudre à canon.   L. G.— S. G. large grain.— Small grain.
Poudre à mousquet.   F. G.   ou fine grain. Fin grain.
Poudre du grain le plus fin.   S. A.   pour petites armes.

Les poudres à canon sont ordinairement embarillées séparément et les barils sont marqués en conséquence. Mais les poudres à mousquet sont généralement mêlées et les barils sont marqués ainsi. N° 3. F. G. S. A. La poudre marquée *S. A. blank.* est une poudre non lissée qui sert pour amorcer les pièces de gros calibre et pour d'autres occasions.

138. La meilleure poudre étant susceptible de prompte détérioration dans certaines circonstances, il s'ensuit qu'il est de grande nécessité que les barils soient faits avec des bois

de bonne essence, bien secs et bien assemblés. Nous avons montré combien de soins et de précautions exigeait la fabrication des poudres de qualité supérieure; il serait vraiment absurde lorsque ce résultat a été atteint de l'annuler par l'emploi de mauvais barils.

139. Après avoir discuté les principes d'une bonne fabrication, il reste encore à examiner un point bien important; c'est la détermination des moyens propres à reconnaître avec certitude les caractères et les qualités des produits fabriqués. Cette détermination, pour être précise, présente beaucoup plus de difficultés qu'on ne l'imaginerait d'abord, et comme connaissance préliminaire il faut étudier le mode de combustion de la poudre et les effets qui en sont la conséquence.

SECTION V.

COMBUSTION DE LA POUDRE.

———

140. Dans ce chapitre je me propose de traiter d'abord en peu de mots de la force et des effets produits par la combustion de la poudre; et ensuite de considérer quelles sont les causes qui modifient ces effets et ont une si grande importance sur les portées obtenues, soit dans les épreuves d'essai, soit dans les applications usuelles du service.

141. La force produite par la combustion de la poudre résulte du changement d'état de ses éléments. Plus la division des substances élémentaires est grande, plus le mélange des molécules est intime, plus l'action mutuelle est énergique et plus les résultats produits sont puissants. La nécessité d'une divisibilité extrême s'applique aux molécules élémentaires de la composition, et ne doit pas être rapportée à la densité de la poudre qui, obtenue par pression, rend seulement plus intime l'union des particules élémenres, quelles que soient d'ailleurs leurs dimensions. C'est donc sur l'extrème division des substances élémentaires, sur leur mélange et leur incorporation intime, sur l'ensemble des opérations nécessaires pour former de la composition une masse parfaitement homogène qu'il est indispensable d'insister. Lorsque ce résultat a été atteint, si les substances employées étaient à l'état de pureté, la poudre ainsi fabriquée sera aussi parfaite que l'état actuel de nos connaissances et de la science peut permettre de l'obtenir.

142. L'action des fluides élastiques produite par la combustion de la poudre est analogue à celle produite par la vapeur, ou par l'air atmosphérique comprimé à un même degré de densité. D'après les meilleures autorités en physique, la force élastique des gaz est en raison inverse du volume qu'ils occupent, c'est-à-dire que, pour un espace double, la force est moitié, la température restant la même.

143. M. Robin établit que la poudre produit en faisant explosion une quantité de fluide élastique occupant un volume égal à 244 fois le volume de la poudre, et que la force d'expansion est portée par la chaleur développée par la combustion à un degré mille fois plus grand que celle de l'air atmosphérique. « Mais en opérant dans des circonstances bien plus favorables que M. Robin, nous avons prouvé, dit le docteur Hutton, vol. III, page 211, que la force d'expansion de la poudre est double de celle qu'il avait indiquée, et que la vitesse d'expansion est d'environ 5,000 pieds par seconde. »

144. L'explosion de la poudre employée dans une bouche à feu est considérée comme instantanée ; mais lors même qu'il en serait ainsi, elle n'est pas simultanée ; car la partie de la charge la plus rapprochée de la lumière fait explosion avant celle qui en est le plus éloignée et qui touche au projectile. Ce fait est rendu évident par l'expérience suivante. Une charge de poudre à gros grain fut tirée d'un fusil de chasse sur un écran en papier ; cet écran, placé à dix pas, fut percé de 36 grains, mais lorsqu'on l'eut rapproché à 4 pas, le nombre des trous fut beaucoup plus considérable ; ce qui n'aurait pas eu lieu si la combustion de la poudre n'était pas successive.

145. En artillerie théorique, on regarde toute la poudre comme comburée avant que le projectile n'ait été sensiblement déplacé, mais avec les fortes charges cette assertion est complétement fausse. L'explosion est progressive, car la force élastique produite par la combustion d'une petite partie de la poudre est si grande que le projectile et la partie voisine de la charge sont déplacés avant que la combustion ne soit complète. L'éclair produit par la décharge d'une bouche à feu donne une preuve incontestable contre le principe opposé; car c'est par l'inflammation que la poudre passe de l'état solide à celui de fluide élastique, et comme dans la décharge d'une pièce de gros calibre on aperçoit la flamme à une distance de 8 ou 10 pieds de la position primitive de la charge, non-seulement le projectile doit avoir été déplacé avant la combustion totale, mais le seul fait de l'apparition de l'éclair indique qu'une partie de la poudre ne fait explosion qu'en dehors de l'âme de la bouche à feu. J'insiste sur cette circonstance, parce que je veux établir plus tard que les fortes charges ne sont pas convenables pour les épreuves d'essai de poudre, et rien ne peut mieux prouver cette assertion qu'en montrant qu'une partie de la poudre ne produit aucun effet utile sur le projectile. Je vais m'occuper maintenant des causes qui ont un effet notable sur les portées, soit dans les épreuves d'essai, soit dans les diverses circonstances du service.

DENSITÉ.

146. On a déjà montré dans les paragraphes 129, 130, et 131, quels étaient les effets des différences de densité, et l'on a établi d'une manière incontestable que la densité et le lissage ont une grande influence sur les portées de la pou-

dre ; il devient donc nécessaire de recourir à des épreuves comparatives pour déterminer aussi exactement que faire se peut la densité des poudres.

147. Pour arriver à cette détermination, le grain doit être de même grosseur, ce qui s'obtient en le faisant passer à travers des tamis égalisoirs ; peut-être avec des poudres grenées en fin serait-il plus facile d'obtenir la densité réelle. Mais quelle que soit la grosseur du grain, sa forme modifiera toujours les résultats d'épreuves faites dans le but de déterminer la densité gravimétrique ; si le grain est rond il se tassera plus aisément, tandis que s'il est long et anguleux, il occupera plus de place et donnera une densité gravimétrique plus faible, quoiqu'il puisse être d'une densité absolue plus grande. Ainsi, j'ai la preuve que les poudres d'Ishapore et d'Allabad sont plus denses que celle de Bombay, quoique celle-ci présente une densité gravimétrique supérieure. Mais les deux premières poudres sont pressées et lissées, leur grain est anguleux, tandis que la poudre de Bombay présente beaucoup de poussier et un grain sphérique et inégal.

148. Je ferai ici une remarque dont la vérité se reconnait dans de nombreuses applications, à savoir que si une personne vient à répéter des expériences faites par une autre, il arrive souvent, quel que soit le soin que l'on ait pris de se placer dans des circonstances semblables, que les résultats obtenus sont différents. Loin de s'étonner de ces différences, il faut au contraire les prévoir dans certains cas, et les résultats ne doivent alors être admis que lorsqu'ils sont confirmés par plusieurs épreuves successives.

149. Pour obtenir aussi peu de variation que possible dans la détermination de la densité gravimétrique de la poudre, je recommanderai l'usage d'un appareil qui me paraît préférable à toutes les autres méthodes employées jusqu'à présent, quoique je doive reconnaître que ni ce moyen ni aucun autre à ma connaissance ne donne des résultats satisfaisants dans la pratique (1).

150. Prenez un vase conique de la contenance exacte d'un pied cube, placez-le sous un cadre qui supporte un vase récipient d'une contenance un peu plus grande et dont le fond soit percé d'une ouverture fermée par une plaque mobile destinée à retenir la poudre. Lorsque les deux parties de l'appareil sont convenablement placées, remplissez de poudre le récipient supérieur, retirez la plaque mobile du fond de manière que la poudre descende doucement dans le vase inférieur de manière à le remplir. A ce moment, fermez l'ouverture avec la plaque mobile, égalisez la poudre sur les bords du vase inférieur que vous pèserez ainsi rempli. Après trois opérations semblables prenez la moyenne des poids obtenus, elle représentera la densité gravimétrique de la poudre.

GROSSEUR DU GRAIN.

151. Nous avons déjà discuté ce point et il suffit de se reporter à ce qui a été dit aux paragraphes 114 et 117. Une

---

(1) Le moyen indiqué par l'auteur anglais est celui qui est suivi depuis longtemps dans les poudreries françaises pour la détermination de la densité gravimétrique

remarque qu'il est pourtant nécessaire d'ajouter ici, c'est que comme la grosseur du grain a de l'influence sur certaines poudres, il est important, pour obtenir des résultats comparatifs pour les poudres à canon pressées et lissées, que les grains aient été passés à un égalisoir. Si l'on compare des poudres à canon dont le grain est de grosseur différente, c'est une circonstance dont il faut tenir compte.

VENT.

152. La régularité ou les imperfections de forme des projectiles, leur défaut de sphéricité, l'oxydation et les autres défectuosités qui peuvent se présenter à la surface sont les diverses causes qui exigent un certain vent dans les bouches à feu.

153. Les différences presque incroyables qui se montrent entre les effets produits par la combustion de la poudre lorsqu'elle est renfermée dans des espaces hermétiquement clos, et lorsque les gaz peuvent s'échapper, soit par le vent des pièces, soit par tout autre moyen, sont trop bien constatées par tous les hommes du métier pour qu'il soit besoin de les signaler ici. Je veux cependant citer un exemple des variations produites dans les portées par suite des irrégularités du globe d'essai. Ces épreuves, faites sous mes yeux en 1814 au mont Saint-Thomas, montrent suffisamment la nécessité d'apporter la plus grande circonspection dans les épreuves d'essai des poudres et les erreurs auxquelles on s'expose si l'on vient à en manquer. Une charge de deux onces de poudre, fabrication de Madras, placée dans un mortier de 8 pouces avec une bombe de 48 livres, a donné les portées suivantes :

1er coup.	85 pieds anglais,
2e coup.	174　—
3e coup.	132　—

La même charge de deux onces d'une poudre grenée en fin, fabriquée aussi à Madras, mais d'après le système anglais, a donné

1er coup.	105 pieds anglais,
2e coup.	183　—
3e coup.	216　—

Dans ces deux épreuves on voit que la même quantité de poudre a pu donner des portées doubles, quoique l'on ait toujours employé le même projectile, et que le poids de la poudre et toutes les autres circonstances de la charge soient restées les mêmes.

154. A ces expériences on peut encore ajouter les suivantes, dans lesquelles les variations de portées ont été produites seulement par l'emploi de

Deux onces de poudre à canon anglaise ont lancé avec un mortier en fer de 8 pouces un boulet en fer d'un poids de 64 livres à une distance de . . . . 108 pieds.

Toutes les circonstances étant les mêmes, un globe neuf en cuivre du poids de 64 livres a été lancé à . . . . 308 pieds.

Une once de poudre de carabine anglaise a lancé avec un mortier en fer de 4 pouces et demi, un vieux globe en fer de 8 livres à　117 yards.

Toutes les circonstances étant les mêmes,
un globe neuf en cuivre du poids de 8 livres a été lancé à. . . . . 346 yards.

On peut avoir foi à l'exactitude de ces expériences.

INSTRUMENTS D'ÉPREUVE.

155. Le signalement de l'instrument d'épreuve doit être
observé avec grand soin ; on doit indiquer s'il est vieux ou
neuf, s'il a beaucoup servi, et s'il est dégradé. Il faut indiquer aussi s'il est de même espèce qu'un autre instrument qui aurait déjà servi pour faire des épreuves comparatives, et si ces épreuves doivent être répétées, il faut
vérifier si l'âme, le calibre, le poids, etc., sont exactement
identiques pour cet instrument et celui qui sert de type.
Toutes les particularités doivent être observées avec la plus
scrupuleuse attention, et même en employant les précautions les plus minutieuses, il reste encore beaucoup de
chances pour que les résultats d'une seconde épreuve ne
soient pas identiques avec ceux de la première, surtout si
les essais sont faits avec deux instruments et par des personnes différentes. Je dois faire observer ici que la manière
ordinaire d'estimer la force ou la qualité de la poudre me
paraît entièrement erronée et par suite ne mériter aucune
confiance. Elle consiste, comme on sait, à prendre pour expression de cette force la distance à laquelle un poids donné
de poudre placé dans un mortier d'un calibre déterminé
peut lancer un projectile dont le poids est aussi déterminé.
La fixation de la portée type est de la plus grande difficulté ;
elle exige qu'on donne le signalement le plus exact et le plus
détaillé de la pièce instrument d'épreuve. On jugera par les

faits suivants de la vérité de ces remarques ; j'ai vu une charge de deux onces d'une même poudre donner les résultats suivants avec différentes pièces d'un même calibre.

Portée moyenne avec un mortier en fer de 8 po., 150 pieds.

Portée moyenne avec un autre mortier en fer de 8 pouces.　　　　　　220 —

Portée moyenne avec un autre mortier en bronze de 8 pouces.　　　　　　353 —

Deux onces de poudre à canon anglaise ont donné à Waltham-Abbey pour des essais au pendule-éprouvette un arc de 20° 15′.

La même poudre et le même pendule-éprouvette, transportés aux Indes, ont donné à Madras, avec la même charge, un arc de 21° 34′.

Dans des expériences faites au Bengale en 1828 et répétées à Madras en 1829, on a constaté aussi des différences très-notables pour les mêmes charges d'une même poudre dans des pièces de même calibre. Il faut donc en conclure que dans des pièces de même calibre des charges égales d'une même poudre ne donneront pas toujours des résultats correspondants. Il n'est donc pas correct de dire qu'un poids donné de poudre doit donner avec une pièce d'un calibre désigné une portée déterminée (1).

---

(1) Il est difficile d'indiquer quelles peuvent être les causes de différences aussi notables dans les portées pour une même charge dans des bouches à feu de même calibre. Les mortiers-éprouvettes employés en France jusqu'à ce moment étaient en bronze. Mais, par

MANIÈRE DE CHARGER.

156. Il a été reconnu que, verser la poudre négligemment dans la chambre du mortier, ou la répandre d'une manière égale en ayant soin de la tasser pour la rapprocher de la lumière autant que possible, pouvait donner des différences de portée qui vont jusqu'à 10 pour cent. Mais ce n'est pas seulement à la manière de charger que doivent se borner les soins; il faut encore, lorsque l'instrument d'épreuve est disposé, mettre le feu à la charge le plus rapidement possible. Dans des épreuves d'essai, j'ai vu laver et flamber le mortier à chaque coup; le mortier doit être flambé quoique séché, parce que, à moins que le métal ne soit échauffé, il y reste une certaine humidité; et si la charge restait seulement quelques secondes dans une cham-

---

décision du 29 avril 1859, M. le ministre de la guerre a arrêté que les mortiers-éprouvettes et leurs globes destinés aux épreuves des poudres seraient désormais coulés en fonte de fer. Toutefois, comme ces nouveaux mortiers, qui viennent d'être mis en service, n'ont pas donné l'uniformité et la supériorité de portée qu'on avait cru pouvoir espérer d'après les premières expériences, une décision nouvelle a prescrit de continuer à se servir pour les épreuves de réception des mortiers-éprouvettes en bronze, jusqu'à ce que des expériences faites à des époques différentes de l'année aient permis de juger si les variations signalées dans l'emploi des mortiers-éprouvettes en fer devaient être attribuées aux variations de température atmosphérique.

A la suite de ces nouvelles expériences, l'emploi des mortiers-éprouvettes en fonte a été définitivement adopté.

(*Note du traducteur.*)

bre humide, elle subirait l'influence de cette humidité. D'un autre côté, si le métal est trop échauffé, la charge, si l'on n'y met pas le feu rapidement, acquiert sous l'influence de cette chaleur un accroissement de force; de sorte que dans l'un ou dans l'autre cas il se produit des causes d'irrégularité.

POUDRE.

157. Si dans les épreuves d'essai l'état hygrométrique de la poudre pouvait être évalué à l'aide d'un hygromètre bien précis, on obtiendrait par ce moyen une donnée très-désirable sans doute. Mais ce moyen n'est pas admissible en pratique, parce que les hygromètres sont construits par des procédés différents et n'ont pas une unité commune de comparaison. La méthode pratique d'évaluation consiste à exposer au soleil ou à une température déterminée toutes les poudres éprouvées; la différence de poids pour une même quantité de poudre avant et après cette opération donne une appréciation de son degré d'humidité. Il est commode pour les calculs de prendre un poids de 100 ou 1000 parties afin de pouvoir exprimer les différences en décimales.

158. C'est un fait bien connu que l'état d'humidité ou de sécheresse de la poudre exerce une grande influence sur ses effets. Lorsque la poudre chauffée à l'aide de moyens artificiels est employée pendant qu'elle possède encore une température élevée, les portées sont considérablement augmentées. Comme il peut arriver quelquefois dans les circonstances du service qu'on ait besoin d'augmenter les portées, sans avoir pu obtenir ce résultat par l'augmentation de la

charge, il me paraît assez utile de citer des expériences qui semblent démontrer qu'on peut arriver au résultat demandé avec la même charge de poudre qu'on aura eu soin de porter à une température assez élevée avant de l'employer.

Une once de poudre brûlée dans un mortier de 4 pouces et demi avec une bombe de 8 livres a donné une portée moyenne de   141 yards.

Une once de la même poudre chauffée préalablement dans une cuiller de cuivre à la température de 400 degrés Farenheit, a donné dans les mêmes circonstances une portée moyenne de . . . .   242 yards.

159. Je ne conseillerai jamais à mes lecteurs, en tant qu'hommes pratiques, d'essayer dans aucune circonstance du service d'élever la poudre à une température aussi élevée que celle marquée par 400 degrés du thermomètre Farenheit (222 degrés cent.); mais ils peuvent mettre à profit avec une judicieuse sagacité les observations faites dans le rapport de la commission chargée en 1802 d'examiner le mémoire du capitaine Bishop.

160. « C'est avec raison que le capitaine Bishop a signalé les effets de la chaleur sur la poudre à canon pour augmenter ses propriétés balistiques. — Après avoir fini nos expériences sur les différentes poudres soumises à l'essai, lesquelles étaient maintenues pendant toute la durée des opérations à la température des feuilles d'arbre à la même heure du jour, nous avons exposé une charge à la chaleur du soleil pendant quelques minutes avant de l'employer, et

dans tous les cas la portée a été considérablement augmentée, les augmentations croissant proportionnellement avec les durées de l'exposition au soleil et par suite avec la chaleur acquise. Dans plusieurs circonstances du service, lorsque la poudre est avariée ou de qualité inférieure, lorsque les approvisionnements commencent à diminuer, un officier habile peut prolonger la défense ou compléter les opérations d'un siége, en tenant compte de ce fait important, et le président de la commission aura soin de le recommander plus particulièrement à l'attention des officiers d'artillerie chargés du service des côtes (1). »

OBSERVATIONS.

161. J'ai fait de nombreuses expériences dans le but de reconnaître si la poudre de bonne qualité produisait toujours par son explosion une même force; quoique je n'aie pu réussir à établir le fait, je crois pourtant qu'il y a de nombreuses probabilités en faveur de cette supposition. Les fréquentes variations qui se présentent dans la pratique, doivent être peut-être imputées plutôt aux défectuosités des instruments dont on fait usage, qu'à un défaut provenant de la poudre même. La régularité du recul, les petites différences observées dans les arcs de vibration du pendule-éprouvette lorsqu'on y essaye des poudres de bonne qualité, semblent indiquer que ces poudres présentent avec une très-grande approximation une force élastique régulière.

____

(1) Ce moyen d'augmenter la portée d'une poudre avariée ou de qualité inférieure est connu depuis longtemps et a été pratiqué plusieurs fois avec succès. (*Note du traducteur.*)

162. Admettons que cette supposition soit exacte; accordons que la poudre est fabriquée de manière à être homogène et uniforme dans ses effets, combien ne restera-t-il pas encore de causes qui viennent modifier les effets balistiques de la poudre, de telle sorte qu'il n'est presque pas permis d'espérer qu'on arrivera à des résultats constants et uniformes, soit dans le service, soit même dans les expériences. Nous voulons récapituler ici toutes ces causes d'irrégularité pour qu'on puisse mieux saisir quelle peut être leur influence totale. Nous avons déjà signalé la densité, la grosseur du grain, le vent des pièces et toutes les particularités qui se rapportent aux instruments d'épreuve, la manière de charger, l'état de la poudre. A ces causes il faut ajouter encore celles qui peuvent provenir de défauts dans la fabrication : l'impureté des substances élémentaires, l'irrégularité du mélange dans la composition, les différences de densité dans la galette ; les variations de grosseur dans le grain, enfin les battements du projectile dans l'âme de la pièce, son mode de rotation, l'influence de l'action du vent et de la résistance de l'atmosphère ; toutes causes qui peuvent varier dans les diverses épreuves faites avec un même instrument, surtout si le projectile n'est pas une sphère parfaite et s'il présente des aspérités à sa surface. Ces diverses causes, et peut-être même plusieurs autres, peuvent dans des expériences comparatives exercer, soit isolément, soit ensemble, une influence qui change et modifie les résultats pratiques. On voit combien il y a de difficulté à distinguer suivant les différents cas quelle est celle de ces causes qui agit, et surtout combien il doit être difficile d'apprécier avec exactitude l'effet produit par chacune d'elles ou par leur réunion. Si nous attachons à ces considérations l'importance qu'elles méritent réellement, nous reconnaîtrons que les difficultés qui se présentent dans l'essai des poudres et qui semblent quelquefois présenter des anomalies si singulières, soit entre elles, soit avec les principes établis, qu'on ne peut espérer de les expliquer, ne sont pourtant pas aussi extraordinaires qu'on pourrait le supposer d'abord.

SECTION VI.

ESSAI DES POUDRES.

---

163. L'étude de la poudre présente des difficultés depuis les premières opérations de la fabrication jusqu'aux épreuves qui ont pour but de déterminer sa puissance d'explosion. Les nombreuses méthodes qui ont été essayées et qui sont encore en usage pour l'évaluation de cette force explosive, sont une preuve suffisante des difficultés qui accompagnent cette évaluation indispensable pour reconnaître les produits de bonne fabrication.

164. Pour conduire les épreuves d'essai avec habileté, surtout lorsqu'on opère sur des poudres d'espèces différentes et dont les procédés de fabrication ne sont pas connus, il faut avoir une connaissance intelligente de la constitution de la poudre et de son action ; cette connaissance est indispensable soit pour diriger les épreuves de manière à obtenir des résultats satisfaisants, soit pour déduire de ces résultats des conclusions judicieuses qui puissent inspirer de la confiance.

Dans les essais de poudre, il se produit quelquefois, comme on l'a déjà fait observer, des anomalies si extraordinaires qu'on ne saurait les concilier ; les résultats sont quelquefois si singuliers, si inattendus, qu'ils ne paraissent pas acceptables. Néanmoins, je continue à penser que ces anomalies apparentes sont réellement produites par des causes certaines, comme ces phénomènes particuliers qui se produisent parfois dans l'observation des lois naturelles les mieux connues. C'est à découvrir ces causes réelles d'irrégularité que consiste la difficulté; si elles étaient connues, il serait facile d'en déduire les règles qui donneraient la solution de tous les cas du problème.

165. Je crois que les vrais principes qui doivent guider pour essayer et titrer les poudres quant à leur force réelle et leur qualité ont été assez généralement méconnus. La méthode française qui consiste à enfermer hermétiquement la poudre dans la chambre des mortiers-éprouvettes n'est certainement pas rigoureuse, car dans ces instruments les poudres de très-bonne ou de très-mauvaise qualité ne donnent pas de grandes différences de portée. La méthode anglaise paraît plus fondée sur les vrais principes, et elle est sans contredit préférable au mortier-éprouvette français pour indiquer les qualités réelles de la poudre. Mais je ne veux pas anticiper ici sur les considérations qui viendront plus tard au moment de la comparaison des diverses méthodes d'épreuve. Seulement c'est un point de première importance de déterminer quel est le procédé particulier d'épreuve auquel on peut s'arrêter, et c'est ce que j'espère établir dans cette section.

166. Ce serait sans contredit un avantage incontestable si l'on pouvait se borner à une épreuve unique qui serait décisive, étant calculée de manière à indiquer à la fois la force expansive de la poudre, et les effets qu'elle doit produire dans les circonstances pratiques du service. Une méthode qui permettrait de déduire avec confiance de cette épreuve les conséquences produites dans les effets pratiques par la nature, la quantité, la qualité de la poudre employée, serait

satisfaisante de tout point. Mais je ne sache pas d'épreuve unique qui remplisse toutes ces conditions, ne serait-ce que d'une manière approximative. L'objection fondamentale à faire contre l'emploi d'une seule épreuve d'essai, c'est que quels que soient les résultats donnés à l'aide de ce moyen par la comparaison entre deux poudres de fabrication différente, des résultats semblables ne sont plus obtenus si l'on vient à comparer ces deux mêmes poudres en employant des charges de guerre avec les pièces de différents calibres qui sont en usage dans le service.

167. L'homme pratique chargé de constater les portées d'épreuve de réception de la poudre, doit désirer sans doute l'emploi d'une méthode facile qui lui permettrait non-seulement de déterminer par une seule épreuve la portée actuelle de la poudre, mais encore de reconnaître si cette poudre a les qualités suffisantes pour produire tel effet particulier que les besoins du service peuvent réclamer. Comme je viens de le dire, il n'y a pas d'épreuve qui puisse fournir toutes ces données. Ces renseignemetns ne peuvent être obtenus qu'en faisant au moment du besoin des épreuves sur la poudre que l'on doit employer ; c'est par des tâtonnements pratiques que les portées pourront alors être déterminées. Ces remarques s'appliquent également aux **poudres** de bonne ou de mauvaise qualité. Pour être sûr de ses portées l'officier d'artillerie devra donc faire les essais lui-même, et ces essais devront être répétés toutes les fois que changera soit la poudre, soit le calibre des pièces employées. Ainsi qu'on l'a déjà vu au paragraphe 155, les poudres de même dénomination ne donnent pas des portées égales, et ces portées varient encore suivant qu'on emploie différentes pièces d'un même calibre ; par conséquent une épreuve d'essai de ce genre ne peut donner pour les besoins du service d'autres indications que celle-ci : une telle charge de poudre a donné telle portée dans telle pièce d'un calibre désigné avec laquelle l'épreuve a été faite.

168. Je dois prémunir ici contre une erreur assez répandue. On a souvent regardé l'égalité de portée comme constatant l'égalité de qualité entre les poudres. — Admettre cette conclusion d'une manière générale c'est commettre une très-grande erreur. J'indiquerai plus tard d'une manière spéciale quelques cas où l'on peut conclure que l'égalité des portées fournies par des poudres différentes indique qu'elles sont également bonnes ; mais ce sera pour établir ce fait que la distance à laquelle une poudre essayée peut lancer une bombe ou un boulet, ne donne une appréciation exacte de ses qualités que dans des circonstances très-particulières. Je vais citer ici les résultats de nombreuses expériences comparatives faites entre les poudres anglaises et celles de Bombay. La portée de la poudre anglaise étant dans chaque cas prise pour unité, et la portée de la poudre de Bombay étant réduite en fraction de cette unité ; je ferai remarquer seulement que dans la première épreuve la poudre indienne avait donné la même portée que la poudre anglaise.

INSTRUMENTS D'ÉPREUVE.	POIDS DE				Poudre anglaise.	Poudre indienne.
	la poudre.		projectile.		Valeur relative.	
	livres.	onc.	livre.	onc.		
Canon en fer de 24.	8		23	10	1 00	1 00
Mortier éprouvette français.		4	63		1 00	88
Pendule éprouvette.		2			1 69	76
Mortier en fer de 10 po.	2		85	8	1 00	49
— 8 po.		2	63		1 00	28
— 5 po.	1		51	10	1 00	24
Mortier de 5 po. 1/2.		2	16		1 00	22
Mortier en fer de 10 po.		2	26		1 00	13
Mortier éprouvette français.	1/2		63		1 00	00

169. Dans le cours de cette section on citera souvent à l'appui des propositions énoncées les résultats fournis par ce tableau, pour lequel j'ai adopté le système décimal afin de faire mieux ressortir la comparaison entre les effets produits. On remarquera qu'une poudre mauvaise qui dans une épreuve a donné une portée aussi grande qu'une poudre reconnue pour être de bonne qualité, ne donne plus, lorsqu'on emploie d'autres méthodes d'épreuve, que des portées qui sont des fractions rapidement décroissantes (le 1/3, le 1/4, le 1/10ᵉ, le 1/11ᵉ) de celles fournies par la même poudre qu'elle avait égalée lorsqu'elles étaient employées toutes deux à forte charge. L'examen de ce tableau donne à mon avis la confirmation la plus péremptoire au principe que l'on veut établir, savoir : qu'il faut mettre une circonspection extrême dans l'évaluation des qualités des poudres d'après des épreuves particulières. Il ressort encore de cet examen qu'on peut choisir certaines méthodes d'épreuves au moyen desquelles les poudres de qualité inférieure, surtout celles qui n'ont été ni pressées, ni lissées, peuvent donner des portées aussi élevées que les meilleures poudres, malgré tous les soins apportés à la conduite des épreuves. Il n'est pas besoin de montrer combien est erronée l'évaluation déduite de ces résultats.

DÉFINITIONS.

170. Avant d'aller plus loin, il est peut-être nécessaire de définir deux ou trois termes auxquels on donnera plus tard une signification particulière et déterminée. Ces définitions préciseront mieux les points principaux sur lesquels l'attention doit se porter dans les épreuves des poudres. Nous distinguerons :

1° La force intrinsèque ou virtuelle de la poudre.

2° L'effet utile produit par cette force.
3° La qualité de fabrication.

171. *La force intrinsèque ou virtuelle* de la poudre ne peut être complétement évaluée par des épreuves faites avec un instrument ou une des bouches à feu employées dans le service. Une poudre de mauvaise qualité, dont l'explosion est lente, exigerait l'emploi d'un poids énorme pour que toute la poudre fût brûlée avant que l'obstacle ne fût mis en mouvement. Pour des épreuves de cette nature il faudrait des instruments particuliers, et de plus il y a tout lieu de croire que pour les épreuves de ce genre, les résultats obtenus dépendraient plus de la constitution chimique de la poudre que des procédés de fabrication, tandis que le contraire a lieu dans les circonstances ordinaires du service. Lorsqu'on parle d'évaluer la force intrinsèque de la poudre, il faut donc entendre que l'on parle de ces méthodes d'épreuve avec les pièces de calibre ordinaire, dans lesquelles les poudres de bonne qualité, employées à petite charge, donnent des portées supérieures à celles fournies par les poudres de mauvaise qualité ; quoiqu'il arrive quelquefois que dans certains cas particuliers et sous l'influence de certaines circonstances, ces poudres de mauvaise qualité peuvent donner des portées égales et même plus grandes que celles des bonnes poudres

172. On entend par *effet utile* de la poudre, les portées absolues qu'elle donne dans les pièces de différents calibres et de différentes dénominations, avec les diverses charges employées dans les besoins ordinaires du service. La détermination de ces portées appartient aux officiers d'artillerie. L'épreuve des poudres n'a pour but que de donner une approximation des effets généraux qu'elle peut produire. La portée d'une poudre avec une certaine charge dans une

pièce désignée peut être considérée comme l'expression de son effet utile.

173. Sous cette dénomination : *qualité de fabrication* de la poudre, nous avons compris tout ce qui se rapporte à la pureté des substances élémentaires, à la perfection du mélange, au degré d'incorporation et à la pesanteur spécifique de la poudre. Nous indiquerons plus tard quels sont les moyens employés pour évaluer ces différents caractères.

174. Nous allons examiner maintenant quels sont les avantages et les inconvénients que présente l'emploi des instruments actuellement en usage pour les épreuves des poudres.

ÉPROUVETTES VERTICALES.

175. Dans l'éprouvette verticale ordinaire la poudre agit par impulsion au premier moment de sa combustion, le poids qui est placé au-dessus est immédiatement soulevé, la flamme s'échappe et une grande partie de la force d'impulsion de la poudre est perdue. L'objection à faire contre cette méthode d'épreuve c'est que la poudre n'agit point par pression et que par suite l'instrument ne peut donner des résultats exacts. Quatre *drams* (ou 7 gram.,08) de poudre brûlée dans l'éprouvette verticale qui est employée à la manufacture royale de Waltham Abbey soulèvent le poids supérieur qui est de 25 livres (ou 11 kilog.,25) à une hauteur de 3 pouce 1/2 (ou 8 cent.,85).

176. Afin de faire agir par pression les produits de la poudre comburée, et pour éviter l'objection ci-dessus signalée contre l'emploi de l'éprouvette verticale ordinaire, j'ai essayé de construire une éprouvette verticale en lui don-

nant, comme au mortier, une chambre cylindrique assez grande pour contenir 100 grains (ou 65 grammes) de poudre, le poids placé au-dessus, ou la résistance à soulever était de 71 livres (ou 31 kilog.,95) ; ce poids était disposé de manière à glisser dans un cadre et portait à sa partie inférieure un tampon remplissant aussi exactement que possible l'âme de l'éprouvette de manière à éviter toute fuite de gaz. J'espérais qu'en brûlant dans la chambre une charge qui ne serait que de 10 ou 20 grains (0 gram.,6 ou 1,2 grammes), cet instrument me donnerait une évaluation de la *force virtuelle* de toutes les espèces de poudre ; le poids à soulever était si considérable par rapport à celui de la poudre brûlée, que je me croyais en droit d'obtenir ainsi des résultats exacts. Mais cette attente fut trompée, les résultats obtenus présentèrent autant d'incertitude que ceux des épreuves ordinaires ; et je dus par suite abandonner ce mode d'essai.

177. L'emploi de cet instrument m'a pourtant donné une nouvelle preuve de l'énorme augmentation d'effet produit par la combustion de la poudre dans des espaces hermétiquement fermés, et par suite de la perte considérable qui est due au vent des pièces ou instruments d'épreuve. Nous avons vu paragr. 175 qu'une charge de 109 grains (ou 7 gram., 08) donnait à l'éprouvette verticale ordinaire une élévation de 3 pieds 1/2 (ou 8 cent.,85), tandis que 1,0 grains ou 0 gram.,6) de cette même poudre donnaient dans mon éprouvette une élévation de 12 pouces (ou 3 décig.,03). Il ne sera peut-être pas sans intérêt de présenter un extrait du tableau de mes expériences (1).

_____

(1) Les petites différences que l'on peut remarquer entre les résultats indiqués dans ce paragraphe et ceux donnés dans le tableau viennent de ce que l'auteur a voulu les énoncer en nombres ronds.

*Tableau des expériences comparatives avec l'éprouvette verticale
de M. Braddock.*

POUDRE ROYALE pour rifles (carabines).	EPROUVETTE close aussi herméti- quement que possible.	EPROUVETTE avec un vent de $\frac{1}{100}$ de pouce ou 0^{mm}, 2.	RAPPORT du poids à soulever au poids de la poudre brûlée.
10 grains ou 0 gr. 6.	12 po. 7 ou 32 cent. 13.	3 po. 4 ou 8 cent. 50.	:: 50,000 : 1
20 grains ou 1 gr. 2.	51 po. 4 ou 79 cent. 44.	19 po. 15 ou 48 cent. 44.	:: 25,000 : 1
50 grains ou 1 gr. 8.	46 po. 0 ou 116 cent. 58.	27 po. 80 ou 70 cent. 55.	:: 16,667 : 1

178. La première colonne de ce tableau donne le poids
de la poudre brûlée, la seconde la hauteur marquée par l'é-
prouvette close hermétiquement, la troisième la hauteur marquée par l'éprouvette ayant un vent très-faible, et la qua-
trième le rapport du poids à soulever au poids de la poudre
brûlée. La comparaison entre les résultat des colonnes 2 et 3,
montre combien est grande la perte de force due au vent
lors même qu'il n'est que de 1/100 de pouce (ou 0 mill.,2).
La différence entre les effets produits par les quantités de
poudre que l'on vient d'indiquer dans cette éprouvette, et
ceux obtenus avec 109 grains (ou 7 gram.,08) dans l'éprouvette verticale ordinaire est énorme et la perte de force due
à l'action du vent est vraiment remarquable.

179. Mais l'objection principale à faire contre l'emploi de

cet instrument, objection qui s'applique aussi, je le crains, à tous ceux construits sur le même principe, c'est qu'on ne peut avoir confiance dans les résultats obtenus (1), car ils présentent le plus souvent ces anomalies dont nous avons déjà indiqué les causes aux parag. 162 et 164. Les expériences suivantes font ressortir ces anomalies d'une manière évidente.

INSTRUMENTS d'épreuve.	POIDS DE		POUDRE A CANON		
	la poudre	du projectile	anglaise.	Allahabad.	Bombay.
Eprouvette verticale de M. Braddock.	50 grai.	livres. »	50 po. ou 75 cent. 9	54 po. ou 86 c. 02.	28 po. ou 70 c. 8.
Mortier-éprouvette de 8 pouces.	3 onces.	64 livres.	288 yards ou 262ᵐ.	217 yards ou 197ᵐ.	255 yards ou 232ᵐ.
Mortier de 5 pouces 1/2.	3 onces.	16 livres.	175 yards ou 159ᵐ.	154 yards ou 121ᵐ 94.	59 yards ou 54ᵐ 58.

180. Dans les expériences relatées dans ce tableau, l'é-

---

(1) Il n'est pas de méthode d'épreuve plus fautive que celle par l'éprouvette verticale dans laquelle la poudre d'un grain mou et humide donne des résultats plus élevés que la poudre d'un grain dur et propre au service. Lieutenant général CONGRÈVE.

prouvette verticale donne la supériorité à la poudre indienne d'Allahabad sur la poudre anglaise, tandis que les épreuves avec les autres instruments indiquent un résultat contraire. On remarquera aussi que la poudre de Bombay donne des résultats très-élevés avec l'éprouvette et le mortier de 8 pouces, et que la diminution de portée est tout à fait irrégulière avec le mortier de 5 pouces 1/2. — Il serait aisé de multiplier ces exemples, mais ils suffisent pour montrer combien sont erronés les résultats fournis par l'éprouvette verticale.

MORTIER-ÉPROUVETTE.

181. Le mortier-éprouvette français ressemble beaucoup à notre mortier en bronze de 8 pouces, seulement il a une plus petite chambre qui ne peut renfermer qu'une petite quantité de poudre, environ deux ou trois onces ; c'est de la capacité de cette chambre que le mortier prend le nom d'éprouvette à deux ou trois onces. Le projectile est de cuivre ou de bronze, d'une forme parfaitement sphérique et d'un poids de 64 livres ; le vent du mortier est de 1/10 de pouce. Ces instruments donnent de grandes portées d'après ce principe que la force de la poudre est proportionnée à l'espace qu'elle occupe ; toutefois ils ne sont pas propres à donner une évaluation exacte de *la force virtuelle* ou intrinsèque des poudres de différentes fabrications. — Les expériences suivantes viennent à l'appui de cette opinion.

POUDRE employée.	POIDS de la poudre.	CALIBRE.	PARTIES.
Poudre de carabine anglaise 4 G.	2 onces.	Mortier - éprouvette	215 yards ou 195^m.
	—	— de 2 onces avec globe de 64 livres.	208 yards ou 189^m.
Poudre de carabine anglaise 4 G.	2 onces.	Mortier de 8 pouces	75 yards ou 67^m,2
	—	— avec globe de 64 livres.	117 yards ou 106^m,4
Poudre de carabine anglaise 4 G.	2 onces.	Mortier de 5 po. 1/2	150 yards ou 118^m.
		Bombe de 10 livres.	211 yards ou 192^m.

182. Les deux premières épreuves ont été faites avec le mortier-éprouvette, les autres sont indiquées comme termes de comparaison, la poudre emp'oyée étant la même dans les trois cas. On voit combien les résultats donnés par les mortiers ordinaires diffèrent de ceux fournis par le mortier-éprouvette. Je n'insisterai pas sur ces différences, mon intention étant de montrer seulement qu'on ne peut ajouter grande confiance aux épreuves du mortier-éprouvette.

183. Il paraît cependant qu'il y a une exception à cette remarque, mais cette exception est constituée par un changement dans l'emploi originaire de l'instrument. Si l'on n'y brûle qu'une petite charge de poudre, le mortier-éprouvette peut être employé à la détermination de la *force virtuelle* de la poudre, comme *à celle de son effet utile.* Cette opinion que j'énonce ici n'est pas appuyée sur des expériences directes, mais je crois pourtant qu'il est probable que lorsque ces instruments sont tirés à pleine charge, ils peuvent donner une indication des effets de la poudre dans les circonstances usuelles du service, soit avec les pièces de campagne, soit avec celles de gros calibre. Ainsi en raisonnant par analogie je dirai que les mortiers-éprouvettes tirés à pleine chambre donneraient une approximation relative des portées des différentes poudres dans les pièces de campagne et de gros calibre, qu'avec des charges remplissant le 1/3 ou la 1/2 de la chambre, ils donneraient les portées relatives des charges moyennes dans les gros mortiers ; et enfin qu'en employant seulement une demi-once de poudre, ces mêmes instruments pourraient être employés à la détermination de *la force virtuelle,* des différentes espèces de poudre. — Ce serait une question digne d'intérêt de rechercher par des expériences directes si ces idées sont confirmées ou non par les résultats pratiques.

184. Les mortiers-éprouvettes forment en France les instruments réglementaires d'épreuve des poudres ; ils sont aussi employés chez les principales puissances du continent. Avec les modifications dans leur emploi que je viens d'indiquer au paragraphe précédent, je crois qu'on pourrait s'en servir utilement pour évaluer la qualité de la poudre ; mais avec le mode actuel d'épreuve j'ai de bonnes raisons pour croire qu'ils ne donnent que des résultats erronés. Ainsi lorsqu'on vient à comparer avec ces instruments une pou-

dre non pressée et non lissée à une poudre d'une densité plus forte, ils donnent fréquemment une supériorité de portée en faveur de la poudre non pressée, tandis que d'autres épreuves qui doivent inspirer toute confiance, montrent l'infériorité évidente de cette poudre. Il y a plus, réduisez seulement la charge à une moindre quantité, et le mortier-éprouvette confirmera lui même ce résultat. — De nombreuses expériences pourraient venir en preuve à tout ce qui est établi dans ce paragraphe.

PENDULE-ÉPROUVETTE.

185. Le pendule-éprouvette de Hutton consiste en un petit canon suspendu à un axe autour duquel il peut osciller librement ; ce pendule donne une évaluation de la force de la poudre, exprimée par le degré de recul marqué sur un arc de cercle qui fait partie de l'instrument. Cette méthode d'épreuve est bonne pour contrôler la qualité de la fabrication, lorsque le recul-type a été fixé ; mais comme toutes les autres méthodes elle est en défaut lorsqu'il s'agit d'estimer la force virtuelle et l'effet utile de la poudre. Le pendule-éprouvette est en défaut même pour l'évaluation de la force virtuelle des poudres d'une même fabrication, qui ne diffèrent que par la grosseur du grain. Ainsi :

Deux onces de poudre à canon ont donné un
recul de   22 déci.,25
Deux onces de poudre à mousquet triée dans
la même poudre ont donné un recul de   26 déci.,85

Pour des poudres de fabrication différente, il arrive que

le pendule-éprouvette donne quelquefois les moindres résultats pour les meilleures poudres, comme on le voit par les
expériences suivantes :

ESPÈCE de poudre.	ÉPROUVETTE de Hutton.	MORTIER de 8 pouces, 2 onces de poudre.	MORTIER de 10 pouces, 2 livres de poudre.
Poudre à ca- non anglaise de 1813.	22° 25	58 yards ou 52ᵐ 7.	1005 yards ou 912ᵐ.
Poudre indien- ne éprouvée fabrication de 1829.	22° 92	59 yards ou 55ᵐ 4.	889 yards ou 808ᵐ.

186. La poudre anglaise a donné au pendule-éprouvette
un résultat un peu inférieur à celui de la poudre indienne,
quoique les deux autres épreuves établissent sa supériorité.
Il faut remarquer que la poudre indienne était de fabrication récente, non pressée et non lissée, et d'un grain un peu
plus fin que la poudre anglaise qui avait subi l'action de la
presse et du lissage et dont la fabrication remontait à 16 années. La finesse du grain était sans doute un avantage pour
la poudre indienne, et c'est à cet avantage qu'est due probablement la supériorité marquée par l'éprouvette ; mais un
instrument qui est aussi fortement influencé que l'éprouvette par de pareilles causes, ne peut pas être considéré
comme un indicateur exact de la bonté et de la force de la

poudre. Peut-être pourrait-on dans cet instrument modifier la position de la lumière. Si l'on mettait le feu à l'avant de la charge, au lieu de le mettre à l'arrière, toute la charge agirait sur l'instrument et aucune partie de la poudre ne serait projetée au dehors sans être brûlée, ce qui est un point de la plus haute importance dans les épreuves pour essai des poudres.

MORTIERS ORDINAIRES.

187. La méthode d'épreuve la plus propre à montrer *la force virtuelle* et la bonté de la poudre me parait être celle qui emploie un mortier de 8 ou 10 pouces en bronze ou en fonte, avec un globe plein, parfaitement sphérique, tiré à faible charge et n'ayant au plus qu'un vent de 1/10 de pouce. Dans les poudreries royales d'Angleterre, on emploie pour une des épreuves le mortier de 8 pouces tiré à la charge de 2 onces ou 57 gram. Les poudres qui donnent dans ce mode d'épreuve des portées égales peuvent être considérées comme étant de force égale. Les épreuves de ce genre, quoiqu'elles subissent encore l'influence de la grosseur du grain, de la densité de la poudre, et des autres différences qui sont dues aux divers systèmes de fabrication, n'en sont pourtant pas affectées autant que les autres méthodes déjà signalées. On a indiqué dans le paragraphe précédent quelles variations donnait l'éprouvette de Hutton pour deux épreuves faites avec des poudres de même fabrication, ne différant que par la grosseur du grain ; ces mêmes poudres ont donné les mêmes portées avec le mortier de 8 pouces.

Poudre à canon anglaise, charge de 2 onces avec le mortier de 8 pouces. 58 yards ou 52 m.,78

Poudre à mousquet anglaise de
même fabrication, charge de 2 onces
avec le même mortier.   58 yards ou 52 m.,78

188. Des poudres à gros grain, et à grain fin ne donneront
pas toujours une égalité de portée aussi exacte que dans le
cas précédent ; mais, à mon avis, cette méthode d'épreuve
n'est pas nécessaire pour l'essai des poudres à grain fin ; car
ces poudres n'étant pas employées pour le service des bouches à feu de gros calibre, il n'y a aucune nécessité de leur
faire subir cette épreuve.

189. Quant aux poudres à canon, je crois que l'épreuve
avec le mortier de 8 pouces est la meilleure, lorsqu'il est
tiré à faible charge. Dans un grand nombre d'expériences
faites dans des circonstances différentes, cette méthode d'é-
preuve n'a jamais manqué de donner des portées supérieures
pour les poudres de bonne qualité, à celles fournies par les
poudres de qualité inférieure. Il ne faut pas oublier qu'on a
déjà indiqué que cette régularité de résultats ne se produit
pas toujours avec des fortes charges (1).

190. La force expansive de la poudre étant produite par
la décomposition de ses éléments constitutifs, il paraît évident qu'on ne peut regarder aucune épreuve comme donnant une mesure de la qualité de la poudre, à moins que

---

(1) Il ne faut pas confondre l'épreuve au mortier dont parle ici l'auteur avec l'épreuve au *mortier-éprouvette,* adoptée en France pour
l'essai des poudres.

(*Note du traducteur.*)

toute la masse ne soit en combustion avant que le projectile
ne soit mis en mouvement. Si l'obstacle commence sa
course avant la combustion complète de la charge, la grandeur de l'espace qui est occupé par les gaz au moment de la
déflagration totale, variera suivant la fabrication de la poudre; et comme la tension du gaz est proportionnelle au volume qu'ils occupent (parag. 142), il est aisé de prouver que
dans plusieurs méthodes d'épreuve avec le mortier éprouvette français, la moindre différence dans la position du
projectile, au moment de l'explosion, doit donner de très-
grandes variations dans les portées. Aussi arrive-t-il en pareil cas que les résultats sont fort incertains, et que l'é-
preuve comme essai de la qualité des poudres est erronée.

191. Dans l'épreuve au mortier avec une petite quantité
de poudre, je pense qu'il est presque certain que toute la
charge est en ignition avant que le boulet ou la bombe ait
pris un mouvement sensible. La chambre d'un mortier de
huit pouces est d'une capacité telle qu'elle peut contenir
deux livres et un quart de poudre ; par conséquent lorsqu'on
y place seulement deux onces de poudre, il reste un espace
égal à 16 ou 17 fois le volume de la charge. Il suit de là,
que dans une explosion, l'inflammation subite des premières
parties qui prennent feu, déplace le reste de la charge qui
est dispersée dans la chambre du mortier et qui serait projetée au dehors si la poudre n'était retenue par l'obstacle
que présente le projectile. Cette opposition momentanée
donne à la flamme déjà produite le temps d'envelopper de
tout côté et d'embraser toute la charge dont l'explosion
complète est ainsi presque instantanée; par ce moyen toute
la force produite par la charge agit à la fois contre le projectile qui fait obstacle et le lance à une distance propor-

tionnelle à la *force virtuelle absolue* de la poudre. Cette assertion me paraît exacte, que la poudre ait été pressée ou
non, qu'elle soit dure ou molle, d'un grain fin ou gros; dans
ce mode d'épreuve l'influence de la presse et du lissage
m'a paru insaisissable ou tout au moins d'une conséquence
bien moindre, quant au résultat, que dans tous les autres
systèmes d'épreuve. Placer la charge dans un espace suffisant pour que son explosion puisse y être complète, me
semble le vrai principe qui doit diriger les épreuves d'essai
pour la force et la qualité des poudres à canon (1). Que ces
poudres soient de bonne ou de mauvaise qualité, ce mode
d'épreuve est également convenable et ne peut soulever aucune objection; des expériences nombreuses ont prouvé que
des poudres de qualité inférieure, ainsi essayées, donnaient
invariablement des portées moindres que les poudres de
bonne qualité; résultat qui n'est pas toujours obtenu avec
les autres modes d'épreuve.

192. On peut pourtant objecter contre ce mode d'épreuve
un fait qui ne peut être encore complétement expliqué, à savoir : que des poudres fabriquées d'après un système particulier donnent des résultats supérieurs à ceux fournis par
d'autres poudres, tandis que pour les charges du service ces
dernières poudres ne montrent aucune infériorité; on con-
clut de là, que c'est par l'emploi des charges de service et
non par aucune autre système d'épreuve que l'on doit essayer les poudres. Je réponds à cela, qu'il a déjà été prouvé

---

(1) Le mode indiqué ici pourrait être employé aussi pour l'épreuve
des poudres à mousquet et à fin grain. Toutefois, la méthode qui
sera proposée au paragraphe 264 me semble préférable.

que la différence dans les procédés de fabrication produit une grande différence dans les effets pratiques ; par conséquent lorsqu'on veut juger la qualité et la bonté de différentes espèces de poudre, il est de première nécessité de tenir compte du système de fabrication ; cette considération ne saurait être négligée. Mais si une poudre n'est sous aucun rapport inférieure à une autre, peu importe le mode d'épreuve, soit par les charges de service, soit par tout autre moyen. Les mêmes causes produisent et doivent produire les mêmes effets dans tous les cas et dans toutes les circonstances ; lorsque des causes que l'on a cru identiques donnent des différences dans leurs effets, il faut admettre qu'il y avait erreur dans l'hypothèse de leur égalité. — Si dans une circonstance quelconque, une poudre lance un projectile à une distance double ou quadruple d'un autre, il y a évidence que l'une des deux poudres est inférieure à l'autre. Mais si par hasard cette infériorité paraît s'appliquer à la meilleure des deux poudres, ce qui semble un paradoxe, je ne connais que deux moyens d'expliquer la chose : ou bien la poudre supérieure a été avariée, ou bien elle a un degré excessif de densité qui ne doit jamais être employé dans la pratique.

193. J'ajouterai ici plusieurs exemples de la force virtuelle des poudres indiennes soumises au mode d'épreuve que l'on vient d'indiquer et comparées avec la poudre anglaise prise pour type. Je ferai remarquer seulement que je n'ai pas de doute que si toutes ces poudres avaient été essayées à la charge de guerre dans un canon de 18 ou de 24, avec une élévation de 1 déci., 1/2 ou deux degrés, les différences de portée entre elles auraient été à peine sensibles. C'est du reste ce qui s'est produit plus tard en essayant des poudres

de même origine, mais de fabrication différente que celles
dont je vais donner les résultats.

CALIBRE.	POIDS DE				POUDRE A CANON				
	la bombe.		la poudre.		anglaise. 1815	Ishapore. 1825	Allaha- bad. 1825	Madras. 1825	Bombay. 1825
	livres.	onces.	livres.	onces	yards.	yards.	yards.	yards.	yards.
Mortier en fer de 8 pouces.		2	64		62	53	57	45	18
Mortier en fer de 10 pouces.		2	96		26	18	20	18	5 1/5
Mortier en fer de 8 pouces.		2	65	8	41	25	31	28	10
Mortier en fer de 10 pouces.	1		87		425	287	286	295	84

Le globe de 64 livres était en cuivre; tous les autres étaient en fer.

194. Il doit rester bien entendu que cette méthode d'épreuve doit servir seulement pour la détermination de ce que j'ai appelé la *force réelle intrinsèque*, ou la *force virtuelle* de la poudre, et non pour la mesure de ses effets pratiques; car, ainsi que je l'ai déjà fait remarquer, des poudres qui donnent des portées très-différentes dans cette épreuve peuvent donner des portées égales avec les charges employées dans le service. — Comme je l'ai déjà fait remarquer, je ne sais rien de plus difficile, peut-être même de plus illusoire que de déterminer, d'abord en quoi consiste la force réelle intrinsèque de la poudre, et ensuite comment cette force peut être appréciée; mais j'ai préféré donner un sens à cette expression, *force réelle intrinsèque*, et indiquer mon mode particulier d'appréciation, qu'employer cette expression avec une acception générale et non définie, ce qui la rend complétement inintelligible.

195. Dans un examen scientifique de la qualité et de la force de la poudre, il y a d'autres considérations que celle de la grandeur des portées qui doivent aussi fixer l'attention; mais comme la portée actuelle au moment de l'emploi est au demeurant la condition *sine quâ non* pour satisfaire aux nécessités du service, il s'ensuit que l'épreuve à l'aide des instruments armes de guerre, est en définitive l'épreuve finale à laquelle les poudres doivent être réellement soumises; car quelque ingénieux que puissent être les autres instruments, si leurs indications ne sont pas de nature à nous guider dans les besoins du service, les résultats qu'elles donnent ne doivent être considérés que comme fu-

tiles et de peu de valeur. La méthode d'épreuve établie au
mont Saint-Thomas, qui consiste à essayer les poudres par
une charge de deux livres dans un mortier de 10 pouces
avec une bombe de 96 livres, est à mon avis très-bonne.
Toutefois il ne faut pas oublier que cette méthode n'est pas
du tout une mesure absolue de la bonne qualité de la poudre. Elle répond seulement à ce double objet : de reconnaître s'il n'y a pas abaissement dans les produits de la manufacture, et de déterminer l'effet pratique d'une forte
charge (1); mais elle n'indique nullement la qualité réelle, ni
la bonté des produits de la fabrication. C'est le capitaine
Bishop qui avait établi ce mode d'épreuve en 1801, ou tout
au moins qui en avait fait adopter l'usage, mais après son
retour d'Europe où il avait eu probablement l'occasion d'acquérir sur la valeur de ce mode d'essai des notions plus
exactes, son opinion primitive s'était modifiée, car il écri-
vait dans une lettre au lieutenant-colonel Hrith en date du
2 mars 1824 : «Notre mode d'épreuve ne mérite pas de confiance, il est grossier et inexact. Il y a là des causes qui peuvent faire qu'une poudre très-forte paraisse inférieure à une
poudre faible ; et pourtant on ne pourra jamais les recon-

---

(1) Il faut se reporter ici à une vérité aujourd'hui admise par tous
les hommes du métier, et que l'auteur anglais s'est efforcé de mettre
plusieurs fois déjà en évidence : à savoir, que des poudres de fabrication
très-différente tirées à forte charge peuvent donner les mêmes portées sans que l'on doive conclure qu'elles sont également bonnes. Car,
en outre de la portée, les poudres de bonne qualité doivent satisfaire
à des conditions importantes de durée et de conservation pour les
armes dans lesquelles elles sont tirées.

(Note du traducteur.)

naitre en brûlant deux livres de poudre dans un mortier de
10 pouces. Plus tard peut-être vous donnerai-je une explication de ce paradoxe. »

ÉPREUVE A LA CARABINE.

196. Un canon de fusil ou de carabine est placé sur un
cadre solidement établi; on le charge avec 4 *drams* (ou 7
grammes) de poudre et une balle d'acier, et on tire cette
charge contre des planchettes de bois d'ormeau ou de tout
autre bois léger, épaisses d'un demi-pouce, mouillées et
glissant dans des rainures pratiquées dans un récepteur à
une distance de 3/4 de pouce l'une de l'autre; la première
planchette est placée à 30 pieds de la bouche du canon. La
charge pénètre ordinairement de 14 à 16 planchettes ; c'est
une bonne méthode d'épreuve pour la poudre de mousquet
et de carabine, et je n'y vois aucune objection pratique (1).

Je ne parle pas des éprouvettes ordinaires, parce qu'on ne
peut avoir aucune confiance dans leurs indications, en ce
qui concerne la bonté réelle de la poudre; mais si les chasseurs désirent estimer la force comparative des poudres
qu'ils emploient, ils peuvent recourir à l'ingénieuse éprouvette de M. Moore. Elle consiste en un ressort d'acier en
forme d'octant, avec une échelle graduée en livres pour
l'évaluation de la force, de telle sorte qu'elle peut servir à
la fois de dynamomètre et d'éprouvette pour les poudres.

L'emploi de cet instrument donne une preuve de ce prin-

____

(1) L'auteur ne se montre pas difficile; cette épreuve ne peut donner aucuns résultats comparatifs.

cipe philosophique que l'action et la réaction sont égales et agissent dans des directions contraires, car lorsque l'instrument est fixé il n'éprouve pas de recul ; la charge de cette éprouvette est de 10 grains ou 0 grammes 65 ; avec cette charge la poudre de carabine m'a donné des résultats compris entre 42 livres et 52 livres.

INFLAMMATION DE LA POUDRE.

197. On place sur une plaque de cuivre bien nette et bien polie *quatre drams* ou *sept grammes* de poudre réunie en un petit étui conique. Le feu est mis au sommet du cône avec un fer rouge ; l'explosion doit être distincte et rapide, et non tardive et prolongée ; elle doit imprimer à l'air une commotion soudaine ; et la force de cette détonation peut être estimée par comparaison avec celle produite par une même charge d'une poudre type de bonne qualité. La combustion doit se faire sans décrépitation, et il ne doit rester sur la plaque ni taches ni globules de résidu alcalin. Si le cuivre demeure net et si la poudre brûle sans projeter des étincelles, on peut considérer les éléments constitutifs de la poudre comme ayant été bien préparés, et la poudre comme ayant été bien fabriquée, surtout si elle a subi les opérations de la presse et du lissage ; mais si le contraire a lieu, c'est une preuve certaine d'un manque d'habileté ou de soin dans la fabrication.

198. J'ai pourtant entendu dire plusieurs fois qu'on ne devait ajouter aucune confiance à cette épreuve, parce que, quoique la poudre grenée à gros grain laisse des globules et des taches après sa combustion, cependant la poudre

grenée en fin de même fabrication n'en laisse pas sur la plaque qui demeure nette. Par suite on ne devrait rien conclure de cette épreuve sur la qualité de la poudre. Mais à mon avis, il reste cet avantage : que si la poudre grenée en gros laisse des taches, c'est une preuve évidente que cette poudre a été mal fabriquée ; car la poudre à canon des manufactures royales d'Angleterre s'enflamme aussi rapidement que la poudre de carabine et ne laisse aucune tache. Même la galette pressée ne doit laisser aucun résidu. On peut donc considérer comme certain lorsque ces indications se montrent dans la combustion de la poudre grenée en gros, qu'elle a été mal fabriquée et qu'elle contient des éléments impurs. Si tel est le caractère de la poudre à canon, il me semble qu'il doit appartenir aussi à la poudre grenée en fin de même fabrication, quoique les indications puissent en être beaucoup moins sensibles dans les expériences.

REMARQUES.

199. Après avoir ainsi décrit les différentes méthodes d'épreuves qui paraissent le plus dignes d'attention, et avoir établi, j'espère, que le seul principe qui puisse être adopté pour l'essai *de la force réelle et de la qualité* des poudres est celui qui dans l'application fait brûler toute la charge avant que le projectile ait pris un mouvement sensible, je n'ajouterai plus qu'un mot sur ce point et sur les différences d'action produite par les poudres légères ou denses lorsqu'elles sont employées à forte charge.

200. Une charge de poudre placée dans une pièce de canon peut être considérée comme une traînée de poudre. Dans

une pièce de 24, cette trainée a presque deux pieds de long.
N'est-il pas évident que si la poudre est anguleuse, tendre
et poreuse, elle s'enflammera plus rapidement, et une plus
grande partie de la charge fera explosion dans la pièce que
si la poudre est dure, sans angles aigus, et d'un grain poli.
Il suit de là que dans presque tous les cas où la charge rem-
plit entièrement l'âme de la pièce, le projectile, boulet ou
bombe étant placé immédiatement au-dessus, la poudre
non pressée donnera des portées supérieures à celles d'une
poudre de même qualité pressée et lissée; mais les résultats
peuvent être variables si de la poudre pressée et lissée,
quoique de qualité supérieure, est essayée comparativement
avec de la poudre provenant de la galette de meules, ou
avec une poudre d'un grain mou et friable, provenant d'un
autre système de fabrication. Quelquefois la poudre est
pressée et non lissée; la poudre non lissée mais pressée
doit donner des portées supérieures à celles de la poudre
lissée, parce que la première conserve des angles aigus et
des aspérités à la surface qui favorisent la rapidité de la
combustion.

201. En conséquence, si des poudres pressées et lissées,
tirées avec les charges de guerre, comparativement à des
poudres non pressées et non lissées, donnent des portées
égales, et si la conclusion que l'on en déduit, relativement
à leurs qualités respectives, est qu'elles sont d'égale force et
d'égale bonté, cette conclusion quoique fondée sur des résultats pratiques est erronée : car les poudres non pressées
et non lissées devraient à égale qualité donner des portées
supérieures à celles des poudres qui ont subi ces deux opérations, et l'on doit par suite tenir compte de cette circonstance. C'est chose que l'officier d'artillerie ne devra point

oublier lorsqu'il sera appelé à prononcer sur les qualités de différentes espèces de poudre.

202. Il faut voir maintenant jusqu'à quel point les observations déjà exposées s'appliquent aux résultats obtenus dans des expériences faites en tirant les charges de guerre dans les pièces de différents calibres.

203. On indiquera d'abord les épreuves faites en 1826 à Woolwich, à la demande du gouvernement de la compagnie des Indes, dans le but de comparer les poudres de Bengale, Madras et Bombay avec la poudre anglaise prise pour type. On avait choisi de la poudre anglaise d'une manufacture royale, qui avait été à la mer pendant trois ans à bord d'un vaisseau de guerre. La détérioration subie par cette poudre comparée à une autre poudre anglaise fabriquée depuis cinq mois avait été évaluée environ à 10 0/0 (1).

____

(1) On avait choisi une poudre anglaise conservée à la mer pendant quelque temps, pour tenir compte de cette cause de détérioration que les poudres indiennes avaient dû subir pendant leur transport en Angleterre.

POUDRE		Mortier en fer de 8 pouces. Inclinaison 45°. Bombe 44 livres, 2 onces. POIDS DE LA POUDRE.				Mortier en fer de 10 po. Inclinaison 45°. Bombe 85 li. 1/2. Poids de la poudre.	CANON DE 24 EN FER. Boulet de 25 li. 10 onc. Poudre 8 livres.		OBSERVATIONS.
		1 livre.	1 li. 1/4.	1 li. 1/2	1 li. 3/4.	deux livres.	but en blanc.	1er 1/2 d'inclinaison.	
1.	anglaise.	589	750	1009	1221	856	516	995	Toutes les poudres indiennes étaient de la fabrication d'une même année et grenées en gros.
2.	de Bombay.	140	381	715	997	410	527	995	
3.	d'Allahabad	149	450	717	966	401	585	1015	
4.	d'Ishapore.	401	621	850	1054	596	657	1097	
5.	de Madras.	482	775	1087	1325	826	521	1132	

204. Un seul coup d'œil jeté sur ce tableau montre évi-

demment ce qui a été déjà répété si souvent, à savoir : que les mauvaises poudres pouvaient dans certaines circonstances donner d'aussi grandes portées que les bonnes. Il y a là deux exemples remarquables de poudres qui dans une épreuve donnent des portées à peine égales au quart de celle de la poudre type, tandis que dans une autre épreuve ces portées deviennent égales ; je ne sais si ces poudres n°s 2 et 3 avaient été pressées et lissées, ou non, et je ne puis par conséquent en parler comme je le ferais avec cette connaissance ; mais ce que je puis assurer c'est que toutes les épreuves au mortier établissaient leur infériorité ; et si elles avaient été pressées et lissées, on peut conclure de l'épreuve au canon de 24 que leur gravité spécifique et leur degré de lissage n'étaient pas égaux à ceux de la poudre anglaise.

205. Ces épreuves me paraissent confirmer les idées déjà exposées sur la combustion de la poudre dans les paragraphes 190 et 191. L'épreuve d'une livre tirée dans le mortier de 8 pouces est favorable à l'ignition d'une poudre lissée et à grain dur. La charge n'est pas très-volumineuse et n'occupe guère que la moitié de l'espace de la chambre ; par conséquent la flamme produite par les portions de poudre qui prennent feu les premières peut pénétrer et envelopper tout le reste, ce qui accélère l'explosion complète de toute la charge ; et ce qui ajoute une nouvelle confirmation à l'assertion établie, c'est que à mesure que les circonstances se modifient, c'est-à-dire à mesure que la charge devenant plus volumineuse, la chambre du mortier offre moins d'espace vide pour cette action particulière de la flamme, la différence entre les portées diminue de telle sorte que les poudres inférieures marquées 2 et 3, qui n'avaient d'abord que des portées égales au quart de la portée de la poudre

type, s'élèvent successivement jusqu'au 5/6. Je suis persuadé que si l'on avait continué les épreuves jusqu'à remplir entièrement la chambre du mortier de 8 pouces, les différences de portée auraient été encore diminuées. Nous sommes donc avertis qu'en admettant cette hypothèse que la flamme formée par la combustion des premières parties enveloppe et enflamme le reste de la charge, les épreuves dans lesquelles cette action peut se produire sont particulièrement et spécialement favorables à la mauvaise poudre ; mais il ne faut pas oublier que si ces épreuves sont favorables à la mauvaise poudre, elles le sont aussi à la bonne poudre qui placée dans des circonstances semblables fera explosion avec une rapidité et une force proportionnées à la qualité. Dans chaque cas les avantages sont les mêmes ; par suite il me semble qu'on ne peut élever d'objection contre ce mode d'épreuve.

206. Les épreuves avec deux livres de poudre dans le mortier de 10 pouces montrent aussi l'action du même principe ; mais la quantité de poudre étant plus considérable les différences ne sont pas aussi grandes ; les poudres de qualité inférieure donnent dans ces épreuves une portée environ moitié de celle de la poudre type.

207. La poudre d'Ishapore était, du moins il y a plusieurs raisons pour le croire, pressée et lissée ; les résultats qu'elle donnait se montrent réguliers et suivant presque l'uniformité d'effets produits par la poudre anglaise type ; quoiqu'elle soit un peu plus faible que cette poudre type, cependant la régularité de son action donne des indices favorables sur la bonne conduite des manipulations dans cette manufacture. Cette poudre fournit aussi des portées élevées

lorsqu'elle est employée à forte charge, elle est évidemment supérieure aux poudres n°ˢ 2 et 3.

208. La poudre de Madras provenait de la galette de meules grenée. La première épreuve exceptée, elle se montre supérieure à toutes les autres dans le mortier de huit pouces, et elle se maintient presque égale à la poudre anglaise dans le mortier de 10 pouces; mais dans toutes ces épreuves il faut faire pour elle une déduction qui tient à ce qu'elle n'est ni pressée ni lissée.

209. Mais dans le canon de 24 et avec une charge de huit livres, un changement soudain se manifeste. La poudre anglaise type perd sa supériorité; elle ne lance pas le projectile à une distance plus grande que les poudres qui ne fournissaient dans les premières épreuves que des portées à peine égales au quart de la sienne. Comment expliquer ce fait? Il semble d'abord que c'est vouloir esquiver la difficulté, si l'on prétend que ce serait une tâche oiseuse que d'en rechercher l'explication. Et cependant cette réponse serait vraie, car on ne peut ajouter aucune confiance à une épreuve de cette nature prise comme terme de comparaison pour essayer les qualités relatives de différentes espèces de poudre. La meilleure preuve que je puisse donner de cette assertion, c'est de renvoyer à l'examen des épreuves déjà citées; cet examen seul me dispensera de tout autre raisonnement. Toutefois, pour n'avoir pas l'air d'abandonner trop brusquement cette question, je vais citer un tableau d'expériences rapporté dans la huitième édition de l'Aide-Mémoire du canonnier par Adye, peut-être en retirera-t-on quelque éclaircissement. Les épreuves étaient faites dans un canon en bronze de 24; les angles de tir sont indiqués,

les portées sont mesurées au point de première chute du boulet.

	CHARGE.	DISTANCE.	CHARGE.	DISTANCES.
But en blanc.	6 livres de poudre.	480 yards.	10 livres de poudre.	480 yards
Angle de 2° d'élévation.	—	1110	—	1110
— 2° 1/4 —	—	1155	—	1155
— 2° 1/2 —	—	1210	—	1216
— 3° 3/4 —	—	1496	—	1497
— 4° —	—	1552	—	1552
— 4° 1/2 —	—	1599	—	1599
— 4° 1/2 —	—	1646	—	1646
— 4° 3/4 —	—	1690	—	1693
— 5° —	—	1746	—	1740

210. Il y a trop de coïncidence entre les résultats obtenus pour qu'on puisse la considérer comme un effet du hasard ; et nous devons en tirer cette conclusion que dans les épreuves avec 10 livres de poudre, quatre livres environ étaient projetées hors de l'âme sans être comburées. On voit par là qu'une partie notable des fortes charges ne produit aucun effet utile, et par suite que l'emploi des fortes charges pour

juger, dans les épreuves d'essai, de la valeur comparative des poudres est tout à fait erroné (1).

— · —

A la suite de cette section, du n° 241 au n° 251, l'auteur anglais cite un long tableau d'épreuves faites au Bengale en 1828 et à Madras en 1829, pour évaluer d'une manière comparative les qualités des poudres indiennes. L'examen des résultats fournis par ces expériences ne le conduit à aucune conclusion nouvelle.

« En récapitulant, dit-il, tout ce qui a été avancé dans
» cette section, on doit conclure avec certitude que beau-
» coup des variations et irrégularités qui se produisent
» dans les essais des poudres, doivent être attribuées à ces
» causes secondaires ou accidentelles signalées au paragra-
» phe 162, et qui influencent les résultats d'épreuve sans
» modifier la qualité de la poudre. Toutes ces circonstances
» accidentelles doivent donc être signalées et prises en con-
» sidération dans les rapports sur les épreuves de poudre

---

(1) Cette trop grande coïncidence pourrait peut-être faire douter un peu de l'exactitude du résultat. Toutefois, c'est un fait constaté que, pour la plupart des charges actuellement employées dans les diverses armes à feu, une quantité notable de poudre ne produit aucun effet utile. Les études approfondies auxquelles on se livre actuellement dans les écoles d'artillerie ont pour objet de déterminer le *minimum* de charge avec lequel on peut obtenir le *maximum* d'effet utile pour les diverses armes dans les différentes circonstances du service. La résolution de ce problème est de la plus haute importance sous le double rapport de l'économie et de la conservation des bouches à feu.

(Note du traducteur.)

» faites par l'artillerie. Quoique l'on puisse penser que ce
» que j'aiécrit peut jeter des doutes et quelque embarras sur
» le mode à choisir pour éprouver les poudres, cependant il
» m'a paru indispensable d'entrer dans les détails les plus
» minutieux de cette question afin d'arriver à quelque con-
» clusion satisfaisante. J'essayerai donc de dissiper ces dou-
» tes et ces embarras et de montrer dans la huitième sec-
» tion, qui renferme mes observations sur le mode d'é-
» preuve, que l'on peut pourtant arriver à une évaluation
» des qualités de la poudre. »

SECTION VII.

REMARQUES SUR LA FABRICATION.

———

252. L'addition d'aucune substance étrangère aux éléments constitutifs de la poudre (nitre, soufre, charbon) ne peut l'améliorer d'une manière permanente (1). Quelques personnes ont préconisé l'emploi de l'urine et de l'esprit-de-vin ; mais l'urine contient trop de sels deliquescents pour que son emploi puisse être avantageux, et l'alcool se prête mal au procédé d'une bonne incorporation.

253. Il est de peu d'importance, en ce qui touche la qualité de la poudre, que le salpêtre ait été fondu ou non. La fusion ne le rend pas plus pur. Le seul avantage que le salpêtre fondu paraisse avoir, c'est qu'après cette opération, il absorbe peut-être un peu moins l'humidité ; or la quantité de salpêtre pesée dans la composition pour être mêlée en

———

(1) La poudre de qualité supérieure est trop forte pour les mines et les pétards. L'effet produit est beaucoup plus grand surtout pour pétarder les rochers lorsque l'inflammation de la poudre est lente. Il faut donc ajouter, soit du charbon dans la composition de la poudre, soit de la sciure de bois avec de la poudre de bonne qualité pour obtenir les meilleurs résultats.

proportion convenable avec le charbon et le soufre, doit
contenir la quantité d'oxygène nécessaire à la combustion,
soit que les proportions aient été déterminées par une analyse scientifique, soit qu'elles aient été fournies par les résultats d'une expérience pratique. Les cristaux de salpêtre
peuvent fréquemment contenir 3, 4 et même 6 0/0 d'humidité, et cette appréciation ne peut être faite exactement
dans les opérations d'une grande fabrication. Cependant si
les cristaux peuvent être parfaitement desséchés, dans les
Indes à l'aide de la chaleur solaire, et dans les autres localités par tout autre moyen, on épargnera sans inconvénient
le travail et la dépense que coûte la fusion. Cette opération,
comme je l'ai déjà dit, est plutôt commode que nécessaire,
et il n'est d'aucune influence pour la qualité de la poudre
que le salpêtre ait été fondu ou non, pourvu qu'il soit pur.

254. Dans la préparation du charbon il faut s'attacher à
deux points : carboniser suffisamment mais sans excès, produire un charbon pur de tout alcali. La méthode la plus
économique qui obtient ce résultat, peut être considérée
comme la meilleure. On ne doit pas regarder la carbonisation en cylindres comme très-coûteuse, à moins que l'on ne
fasse aucun emploi des produits obtenus par la distillation ;
en Angleterre, il y a des fabrications établies pour fournir
le marché de Londres en vinaigre de bois et en acide acé-
tique concentré, ce qui n'existerait pas, si le prix des produits liquides de la distillation n'était pas suffisant pour
couvrir et au delà tous les frais de fabrication.

(L'acide pyroligneux est, comme on sait, d'un emploi excel-
lent pour la conservation des viandes. En Angleterre j'ai vu
employer dans une fabrique de charbon l'acide pyroligneux
non épuré à la conservation des jambons, du bœuf, du sau-

mon, etc. Il est très-probable que cet acide pourrait être aussi employé avec grand succès dans les Indes où la conservation des viandes est beaucoup plus difficile.

255. Les substances employées pour la fabrication de la poudre doivent être parfaitement pures. Les substances impures sont nuisibles de deux manières ; elles interposent des matières étrangères entre les molécules des éléments combustibles et par suite elles diminuent la rapidité de l'explosion ; de plus elles sont ordinairement déliquescentes et par conséquent elles absorbent l'humidité. Cette humidité produit un commencement de cristallisation dans le salpêtre ; ainsi la poudre fabriquée avec des substances impures renferme en elle-même des causes de détérioration.

256. L'extrême division des substances facilite la trituration. Bien triturer, c'est le secret et le grand art d'une bonne fabrication de la poudre ; la pureté des matières, le bon choix des proportions sont insuffisants lorsque la trituration intime n'est pas obtenue. On doit donc attribuer à cette opération une attention toute particulière, sans négliger toutefois les autres degrés de la fabrication. L'emploi de l'eau de pluie pour la trituration est préférable comme étant plus pure. L'usine doit être toujours en bon état, le mécanisme marcher régulièrement et sans à-coup ; les meules doivent exécuter leur révolution en restant perpendiculaires à la table. Je préfère les meules en pierre aux meules métalliques (1). Celles qui étaient autre-

---

1) Une plus longue expérience semble avoir donné raison à l'opinion contraire. Les meules métalliques sont aujourd'hui préférées en Angleterre, et remplacent les meules en pierre.

fois en usage à la manufacture royale étaient extraites des carrières de Namur (chaux fétide); mais, dans ces dernières années, les meules et les tables ont été tirées des carrières de marbre de Kidwelly, dans le comté de Carmarthen. Ce marbre est un carbonate de chaux noire qu'on distingue à l'odeur fétide qui se dégage par le frottement; les meules employées pour les usines à poudre ne doivent présenter aucune trace de quartz (1).

----

(1) Des épreuves récentes faites au Bouchet, dans la nouvelle usine à meules de fonte, pour étudier quelques-unes des circonstances qui peuvent causer les explosions, ont donné lieu aux observations suivantes :

1° Il n'y a pas danger d'explosion lorsqu'aucun autre corps ne se trouve mêlé avec les substances constituantes de la poudre pendant la trituration par les meules en fonte.

2° Les meules roulant ou ripant, ou agissant par choc sur des fragments métalliques de cuivre, bronze, fer, n'ont pas produit d'explosion.

3° Le plâtre, l'ardoise, le charbon de terre, le marbre sans silex peuvent se rencontrer sur la piste pendant la trituration sans qu'il y ait explosion.

4° Au contraire, toutes les fois que des grains de grès (quart zsiliceux), même le plus mou, se sont rencontrés sous les meules, il y a eu explosion ; quelques grains de sable de grès aussi fin que de la poudre royale, placés sous les meules avec de la poudre, font dans certaines circonstances explosion presque à tout coup au premier tour de meule. (*Rapport du 8 mai.*)

Ces expériences expliquent le nombre considérable d'explosions (52 depuis 1824) qui ont eu lieu à Esquerdes, où l'on fait usage de meules en calcaire fétide, et semblent devoir décider la question en faveur des meules en fonte. — Les meules métalliques sont, au reste,

257. L'homogénéité d'aspect est un des caractères de la poudre bien fabriquée. La cassure d'un morceau de la galette des meules doit présenter dans toute son étendue une couleur d'un gris cendré ; sa contexture doit être compacte, ne montrer aucun grain, et n'avoir pas même l'apparence rugueuse. On ne doit y voir aucune tache blanchâtre. Tous ces caractères physiques sont assez difficiles à définir rigoureusement. Toutefois, la poudre, dont l'incorporation n'a pas été suffisante, présente à la vue des différences assez notables pour la distinguer de celle dont le mélange et l'incorporation ont été opérés d'une manière intime.

258. Des épreuves quotidiennes sont pratiquées dans les poudreries royales. A Waltham-Abbey, on éprouve séparément la charge de *chaque meule :* par ce moyen, aucune négligence, aucune faute dans la fabrication ne peut échapper au contrôle. L'épreuve pratiquée dans cet établissement est bonne et facile à faire. L'instrument dont on fait usage est une éprouvette verticale bien graduée ; deux ouvriers intelligents peuvent faire 50 ou 60 épreuves en une heure.

259. Dans les Indes, où tous les soins de la fabrication sont confiés à l'officier placé à la tête de la poudrerie, il doit exercer sur chacune des opérations une constante et vigilante surveillance, quoique parmi ces opérations toutes ne soient pas d'égale importance. Le raffinage du salpêtre mérite une attention particulière ; on doit le titrer par de fréquents essais. Il faut aussi reconnaître avec soin la na-

---

à peu près généralement adoptées par toutes les puissances européennes qui emploient ce mode de fabrication.

ture du charbon, s'assurer qu'il ne contient aucune substance alcaline, et le trier avec précaution avant qu'il ne soit pulvérisé. Nous avons déjà parlé longuement du mélange et de l'incorporation. Si le pressage et le lissage de la poudre font partie du système de fabrication, ces deux opérations ne doivent pas être poussées à l'excès; mais on doit tenir compte du service auquel la poudre est destinée comme aussi du climat des pays où elle sera employée. On voit par là que la direction d'une poudrerie pour être intelligente réclame une connaissance égale de la théorie et de la pratique de chacune des opérations, afin de pouvoir rectifier ce qu'elles peuvent présenter d'irrégulier.

260. Dire d'une poudre que son grain est aussi compacte et aussi dur que le verre, ne serait pas à mes yeux une preuve de sa bonne qualité; tout au contraire je me demanderais dans quel but on a pu vouloir lui donner une aussi grande dureté; car, soit pour l'élévation des portées, soit pour l'économie dans le service, moins la poudre est d'un grain résistant, meilleure elle est. Si on lui donne, avec raison, une certaine densité, c'est seulement pour éviter certains inconvénients que présente une poudre d'un grain mou et poreux. Pour moi je ne voudrai jamais, comme fabricant de poudre, donner à la galette des presses un degré de dureté ou de densité plus grand que celui qui est adopté dans les poudreries royales; je pense même que pour les Indes une densité un peu moindre serait encore suffisante. Lorsque les éléments constituants de la poudre sont d'une grande pureté, je ne mets aucun doute qu'une poudre lissée d'une densité moyenne se conservera aussi bien et aussi longtemps qu'une autre poudre qui aurait une plus grande densité. La seule substance capable d'attirer

l'humidité étant le charbon, on peut prévenir cette détérioration en conservant la poudre autant que possible à
l'abri du contact de l'air.

261. Pour des expériences comparatives, on a versé successivement dans la chambre d'un mortier de six pouces,
une once d'eau, d'alcool, et d'éther avec une charge de deux
livres de poudre. Mais pour aucune de ces épreuves on n'a
obtenu une différence notable d'augmentation ou de diminution dans la portée. La poudre employée seule, sans aucun
liquide, donnait le même résultat (1).

---

(1) Des expériences de ce genre ont été répétées en France, et sont
indiquées dans l'ouvrage de MM. Bottée et Riffault.

SECTION VIII.

OBSERVATIONS SUR L'ÉPREUVE DES POUDRES.

262. Je me propose d'indiquer dans cette section quelles sont les méthodes qui me paraissent les meilleures pour l'essai des poudres, d'abord à la manufacture, en second lieu aux épreuves de l'artillerie comme moyen de contrôle pour la fabrication, et enfin pour toutes les occasions spéciales où l'on a pour objet d'établir et de comparer les qualités de différentes espèces de poudre.

263. Dans la manufacture et pour l'essai pendant le courant de la fabrication, rien ne me semble préférable au système établi à la poudrerie royale. Il consiste en l'épreuve journalière, indiquée au paragraphe 258, pour la charge de chaque moulin, à laquelle on joint aussi l'épreuve journalière par l'inflammation indiquée au n° 197. De plus il y a des épreuves, chaque semaine ou chaque mois, au mortier de 8 pouces (Voir n° 187) pour la poudre à canon; et à la carabine (Voir n° 196) pour la poudre de carabine et de chasse. Ces épreuves étant toujours accompagnées de l'épreuve par l'inflammation.

264. Si nous supposons que les épreuves précédentes n'ont été faites que dans le but de décharger la responsabilité de l'officier qui dirige la fabrication, les épreuves que

l'artillerie doit faire subir aux poudres qu'elle reçoit me paraissent devoir être faites comme il suit :

Pour la poudre à canon.

Mortier à la Gomer de 8 po. en fonte,	bombe de 68 livres charge 2 onces.
—	bombe de 42 livres charge 1 livre.
—	bombe de 42 livres charge 2 livres.

Pour la poudre à mousquet.

Mortier de 4 pouces 1/2,	bombe de 8 livres charge 2 onces.

On doit aussi pour la poudre à mousquet faire l'épreuve à la carabine indiquée au n° 196. L'épreuve par l'inflammation est de rigueur pour cette poudre comme pour la poudre à canon.

265. On doit toujours employer pour ces épreuves les mêmes instruments qui ne doivent servir à aucun autre objet. Les portées réglementaires doivent être fixées par l'emploi d'une poudre de la meilleure fabrication des manufactures royales ; et la qualité des poudres essayées sera alors estimée par la comparaison de leurs portées avec celles de *la poudre type*. Je ne sache pas de méthode meilleure et plus simple dans la pratique que celle-là, car j'ai déjà montré quelle incertitude s'attache à la détermination d'une limite précise pour les portées, lorsqu'on n'a pas égard à la nature et à l'état de la bouche à feu qui sert aux épreuves (Voir les n° 152 et 155). Une fois ou deux dans le courant de l'année, on fera des expériences avec la poudre type pour reconnaître si l'instrument d'épreuve n'a pas subi des altérations. Si avant ces épreuves on expose pendant

un jour ou deux la *poudre type* à l'action du soleil, l'avantage qu'on lui donnera ainsi est bien légitime, car cette poudre type doit toujours supporter la comparaison avec des poudres de fabrication récente.

266. Enfin pour toutes les occasions spéciales où il sera nécessaire de faire un examen approfondi de différentes espèces de poudre, je recommande d'apporter une attention particulière

1° A la vérification des instruments d'épreuve,
2° A la manière dont les épreuves sont faites,
3° A l'observation des résultats obtenus.

Il faut aussi observer la vitesse d'inflammation, la densité, la grosseur du grain ; faire l'épreuve par l'humidité et l'essai par les acides et les alcalis, et surtout connaître quel a été le système de fabrication.

267. Quant aux instruments d'épreuve, il doivent être choisis avec le plus grand soin, la bouche à feu comme le projectile. Le calibre des bombes est, comme on l'a vu aux paragraphes 152 et 155, de la plus haute importance. Les seuls instruments dont il soit besoin, sont à mon avis le mortier de 8 po., le mortier de 4 po. 1/2 et le mousquet ou la carabine.

268. Les épreuves auxquelles la poudre doit être soumise avec ces instruments sont :

Pour la poudre à canon.

Tir avec le mortier à la Gomer de 8 po. en fer, Globe de 68 li. charge 1 onc.

                                                                           charge 2 onc.

                                                      bombe de 42 li. charge 8 onc.

                                                               —   charge 1 liv.

                                                                  ...   charge 1 li. 1/2.

                                                                 —   charge 2 liv.

Pour la poudre à mousquet.

Tir avec mortier de 4 po. 1/2, bombe de 8 livres, charge 2 onces (ou 56 gr. 66).

Tir à la carabine,   balle d'acier,   charge 4 drams (ou 7 gr. 08) (1).

269. Après un examen attentif de tous les faits et de toutes les expériences relatives aux épreuves de poudre auxquelles j'ai assisté, je suis porté à penser que les épreuves dont je viens de tracer le tableau constituent une méthode d'essai aussi exacte qu'aucune autre actuellement employée; le nombre indiqué des épreuves me paraît suffisant, car il est probable que si l'on multiplie les épreuves en étendant les limites dans lesquelles elles se font, on augmentera en même proportion et les difficultés et les incertitudes. Il suffit aussi de trois coups pour donner la moyenne de chaque épreuve; et au cas où dans cette évaluation se présenterait une anomalie, on doit mettre de côté la partie anormale et tirer un autre coup pour obtenir la moyenne.

---

(1) Les petites différences dans le poids des bombes me paraissent avoir moins d'importance que celles de calibre et de sphéricité; le calibre des bombes doit approcher le plus possible de la limite supérieure, parce que le vent sera d'autant moindre. Il est essentiel aussi que les bombes soient parfaitement sphériques.

270. D'après ce que j'ai déjà exposé, je crois que dans l'emploi de cette méthode d'essai, on doit regarder les résultats fournis par les petites charges comme indiquant la *force intrinsèque* et les qualités de la poudre, tandis que ceux fournis par les hautes charges donnent, avec moins de précision, une évaluation de ses effets pratiques avec les charges employées dans le service de guerre.

271. Quant aux épreuves indiquées pour la poudre à mousquet, je ne puis dire autre chose sinon que les poudres de qualité inférieure ont toujours donné dans ces épreuves des portées moindres que celles fournies par les poudres de bonne qualité. L'un ou l'autre mode d'essai, soit au mortier de 4 po. 1/2, soit à la carabine, me paraît très-bon pour les poudres de fin grain (1).

272. Toutes les épreuves indiquées au paragraphe 268 doivent être répétées sur des échantillons de chaque poudre à éprouver après qu'ils ont été exposés à une atmosphère humide pendant 20 jours. Dans les Indes il ne faut pas éviter de faire ces épreuves pendant le temps de la mousson.

---

(1) Malgré l'assertion de l'auteur du mémoire, il est facile de reconnaître que l'épreuve à la carabine, comme il l'indique pour les poudres de chasse, ne peut donner des résultats comparables, puisque la qualité de la poudre est estimée d'après le nombre de tablettes d'ormeau traversées par la balle. Il est évident que les circonstances de l'épreuve ne pourront jamais se reproduire les mêmes dans deux épreuves. La méthode adoptée en France pour l'essai des poudres de chasse offre bien plus de garanties pour obtenir des résultats comparables.

L'atmosphère doit être humide, et le degré d'humidité doit être indiqué par un hygromètre qu'il faudra désigner, parce que les différents hygromètres ne sont pas comparables entre eux.

273. Les bulletins d'épreuve doivent faire mention de toutes les particularités que présente la bouche à feu employée. Ils indiqueront aussi le mode de chargement, l'apparence de la poudre et l'état du projectile. On ne doit pas regarder comme inutile l'indication précise du calibre et de la forme du projectile, et il serait très-bon que le bulletin renfermât une colonne destinée à cet objet, où seraient consignées toutes les remarques relatives à la sphéricité, à l'oxydation, aux aspérités et autres inégalités que peut présenter la surface extérieure du projectile. Si l'on observe quelque inégalité dans la sphéricité de la bombe, surtout en ses points de contact avec l'âme du mortier lorsque la charge est placée, il faut mentionner cette circonstance d'une manière toute spéciale, parce qu'il en résulte un vent plus ou moins considérable, et c'est là sans aucun doute une des principales causes des irrégularités de portées obtenues dans la pratique. Si toutes les bombes sont choisies avec grand soin et d'une similitude aussi parfaite qu'on peut l'obtenir, il suffira d'une simple indication pour le constater.

La longueur d'âme et celle de la chambre du mortier doivent être marquées dans le bulletin qui doit donner aussi le diamètre horizontal et le diamètre vertical de la pièce. Enfin on remarquera si le calibre de l'âme n'est pas plus grand à l'endroit où est logée la bombe qu'à la bouche du mortier. Il arrive souvent que les mortiers en service présentent une augmentation de calibre dans la partie de l'âme qui vient immédiatement après la chambre. On doit noter encore le poids du mortier et aussi la nature, la force et l'état de l'affût et de la plate-forme sur laquelle il est placé. Des prescriptions aussi scrupuleusement minutieuses peuvent paraître inutiles a quelques-uns de mes lecteurs, et ils me reprocheront peut-être de ne les avoir pas toujours observées moi-même; mais alors mon seul but était de donner des résultats comparatifs en n'employant que la même bouche à feu dans toutes les épreuves, et dans ce cas les circonstances restant les mêmes pour chaque coup, les effets ne doivent pas en être affectés. Mais dans des bulletins qui doivent servir à comparer des épreuves faites à des époques et dans des localités diverses, épreuves qui doivent souvent donner à des personnes autres que celles qui ont expérimenté, une mesure des qualités de la poudre, une attention toute particulière doit être accordée non-seulement aux observations déjà indiquées, mais à toutes celles que pourra consigner en outre l'officier chargé de la rédaction du bulletin d'épreuve.

274. Combustion de la poudre. — La manière dont se fait cette combustion peut donner aussi un moyen auxiliaire de reconnaître la qualité. — S'il ne reste pas après la combustion de résidu ou des globules alcalins sur la plaque de cuivre ou de verre sur laquelle se fait l'épreuve, il faut comparer le nombre et l'apparence des traces fumeuses laissées par chaque poudre. De plus on remarquera si la poudre fuse et projette des étincelles, enfin on notera l'intensité de l'explosion (Voir les n°s 53 et 198).

275. Densité de la poudre. — On pourrait croire d'abord que la dureté de la poudre dépend de sa densité. Mais je suis porté à penser que le séchage au soleil peut rendre plus

dure la galette des meules ou de la presse, de telle sorte qu'après le grenage, la poudre obtenue avec la galette ainsi séchée est plus résistante que celle grenée avec la même galette de meules ou de presse non soumise au séchage. On peut se reporter au reste à ce qui a été dit aux paragraphes 146 et 150 sur la densité de la poudre. — Avant de déterminer la densité de la poudre, il faut indiquer le nombre de trous par pouce carré des tamis égalisoirs. L'emploi de deux tamis est nécessaire, l'un percé de manière à empêcher le gros grain de passer, l'autre qui permet au contraire de tamiser le grain fin de telle sorte qu'on obtient le grain moyen dont on détermine la densité.

276. Quant à la forme et à la grosseur du grain, je n'ai rien à ajouter à ce qui a été dit sur ce sujet au paragraphe 151. Si je ne recommande pas ici l'égalité de grain comme j'ai paru le prescrire au paragraphe 151, c'est qu'il ne s'agit plus ici de la fabrication de la poudre, mais seulement de reconnaître les qualités de la poudre fabriquée.

277. État hygrométrique. — (Voir les n°s 157 et 158.) Un moyen simple et satisfaisant pour déterminer le degré d'humidité de la poudre consiste à déposer cent grains de poudre sur un plateau que l'on expose à une température de 140 à 150° Farenheit pendant deux heures. La perte de poids après ce séchage indique le degré d'humidité. J'ai remarqué que la poudre des différentes manufactures peut faire dans cette épreuve une perte qui varie de 3/4 jusqu'à 1 1/2 pour cent. Il est nécessaire de recouvrir la poudre pendant cette opération. A cet effet ou roule une feuille de papier en forme de cornet et on la pose au-dessus du plateau, en

ayant soin de laisser une ouverture au sommet du cône
pour permettre le dégagement des vapeurs.

278. Je termine ici l'examen des diverses épreuves auxquelles on doit soumettre la poudre, et je pense que l'on peut, à l'aide des divers moyens que je viens d'indiquer, obtenir une connaissance suffisante de ses qualités et de son aptitude aux divers besoins du service. L'examen comparatif des portées qu'elle donne dans les bouches à feu, en tenant compte, comme il a été prescrit, des circonstances secondaires qui peuvent influencer ces portées, donnera un moyen d'évaluer les résultats pratiques que l'on doit en attendre dans les diverses circonstances du service..

279. Toutefois, lorsque la chose sera possible, on peut s'aider encore de quelques autres épreuves déjà détaillées aux n[os] **228** et suivants, comme aussi des renseignements fournis sur le mode de fabrication; dans ce cas on aura réuni tout ce qu'on peut raisonnablement demander dans la pratique pour l'évaluation de toutes les qualités de la poudre.

280. Pour faire un rapport éclairé sur des épreuves comparatives de poudre, il faut avoir un bon jugement dont les bases s'appuient sur une connaissance exacte des principes, une habitude pratique des procédés de fabrication, et enfin une expérience acquise des effets produits par la poudre de bonne et de mauvaise qualité, à grandes et à petites charges dans les diverses bouches à feu. Il faut connaître aussi quelles sont les diverses méthodes employées pour déterminer les meilleurs procédés de fabrication, et encore dans quel cas la moindre déviation des principes, ou une légère négligence dans la fabrication peut donner des mauvais produits. Je ne prétends pas posséder moi-même l'ensemble de toutes ces connaissances ; je n'ai eu ni les occasions, ni peut-être même les facultés nécessaires pour les acquérir complétement. L'opinion que j'exprime résulte d'une conviction acquise par une pratique de plus de vingt années dans la fabrication de la poudre. Je suis persuadé aussi que l'on s'est mépris plusieurs fois dans les poudreries indiennes, sur les véritables principes de fabrication et d'épreuve. Cette opinion résulte pour moi des nombreux documents que j'ai eus sous les yeux et dont aucun n'établit la question sur ses véritables bases. Si j'ai réussi à mieux poser la question, à indiquer les difficultés de manière à les éclairer, mon but sera complètement rempli.

SECTION IX.

APPENDICE.

—

RAFFINAGE DU SALPÊTRE.

281. Placez un double fond en bois percé de trous dans la chaudière en cuivre. Jetez dans la chaudière 2800 livres poids de salpêtre brut et versez ensuite dans la chaudière 92 gallons (1) d'eau pure de rivière ou de pluie. Portez rapidement le liquide à l'ébullition qui doit durer trois, quatre ou cinq heures, jusqu'à ce que le liquide ne forme plus d'écume. Pendant l'ébullition versez de temps en temps dans le liquide de petites quantités d'eau froide; ce procédé aide, à ce qu'il paraît, la séparation des matières impures. Ayez soin d'enlever constamment les écumes qui montent à la surface. Après une ébullition suffisante diminuez le feu et laissez la dissolution se refroidir lentement et se reposer au moins pendant deux heures.

282. Décantez alors doucement la liqueur pour la porter dans la maie à filtre. (Voir le dessin.) Les filtres sont fermés avec une toile canevas très-serrée en double. Avant d'ouvrir les robinets qui versent la dissolution dans les filtres, on répand sur ces filtres un sable de rivière fin et léger pour

---

(1) La proportion indiquée par l'auteur anglais est d'environ une livre d'eau par livre de salpêtre.

remplir les interstices du canevas et rendre le filtrage plus parfait. Après l'ouverture des robinets, la première partie du liquide qui s'écoule dans les vases récepteurs mobiles est encore trouble ; on la verse de nouveau dans la maie, jusqu'à ce qu'on obtienne par le filtrage une liqueur limpide et transparente. Lorsque ce résultat est obtenu, la liqueur filtrée est versée dans les bassins de cristallisation, où elle demeure environ 36 heures pour la formation des cristaux. Les cristallisoirs sont des bassins en cuivre de deux pieds six pouces de large sur un pied de profondeur. Ils sont placés sur de larges lits en bois et sont percés à une de leurs extrémités d'une ouverture qui permet l'écoulement des eaux-mères dans un canal inférieur où elles se réunissent. Les cristallisoirs de cette forme et de ces dimensions me paraissent les plus convenables pour la facilité des manipulations.

283. Au bout des 36 heures, facilitez l'écoulement des eaux-mères en soulevant l'un des côtés du cristallisoir ; après cet écoulement arrosez légèrement les cristaux avec de l'eau pure à l'aide d'un arrosoir de jardinier ; soulevez de nouveau les cristallisoirs en les maintenant dans cette position pendant une heure ou deux, jusqu'à ce qu'on ait de nouveau besoin des cristallisoirs.

284. Le nitre doit subir un second raffinage ; cette opération s'exécute absolument comme la première ; seulement la proportion d'eau est de 300 gallons pour 3000 livres de cristaux du premier raffinage. Dans la seconde opération on emploie des filtres doubles, c'est-à-dire que l'on place deux filtres l'un dans l'autre pour obtenir quatre épaisseurs de toile. Lorsque les eaux-mères sont écoulées, il faut en-

core arroser les cristaux dans le cristallisoir avec de l'eau de
pluie. Après cette opération on laisse égoutter les cristaux
pendant cinq ou six heures.

285. Après chaque opération les filtres en toile doivent
être soigneusement lavés. Des couvercles en bois sont posés
au-dessus des cristallisoirs pour préserver le salpêtre de
toute impureté. On remarque quelquefois un peu de vert-de-
gris sur les bords du cristallisoir, à l'endroit où les cristaux
touchent le cuivre. Il faut l'enlever avant l'écoulement des
eaux-mères.

286. Dans les raffineries où les opérations du raffinage
sont plus compliquées et plus nombreuses, on regardera
peut-être la méthode que je viens d'indiquer comme ne pou-
vant jamais donner du salpêtre parfaitement pur. Cependant
je puis affirmer par expérience que si cette méthode est
convenablement suivie, le salpêtre obtenu est parfaitement
blanc et ne présente aux réactifs aucune trace d'acide hydrochlorique (1). Le filtrage constitue la manipulation la plus importante de ce procédé de raffinage, et il exige une certaine
habileté pratique pour être bien conduit, de manière à ce
que *le liquide coule bien*, pour employer l'expression des ouvriers qui indiquent ainsi que le liquide obtenu doit être
parfaitement pur et transparent. Et quoique après le premier filtrage la liqueur passe encore un peu louche, à la seconde opération la limpidité et la transparence de la liqueur
sont obtenues.

---

(1) Je suppose que le nitre brut donne par ce raffinage 80 p. 0/0 de

287. Pour faciliter le moyen de construire les filtres, je donne sur le dessin un patron de la forme que doit avoir la toile avant d'être reployée en filtre. Chaque filtre est suspendu à quatre boutons à l'aide d'une petite corde qui est attachée tout autour de la partie supérieure du filtre.

288. Si le salpêtre raffiné doit être fondu au lieu d'être séché au soleil, il faut avoir soin de bien égoutter les cristaux avant de les placer dans les pots de fusion, qui ne doivent pas être chauffés jusqu'à la chaleur rouge. Pour le reste de l'opération elle est si simple qu'elle n'exige aucune explication. Si le nitre fondu doit être coulé dans des moules clos, il devra rester à refroidir dans les pots de fusion, jusqu'à ce qu'on aperçoive qu'il commence à se former une croûte solide; c'est à ce moment qu'il faudra décanter dans les moules, sans cela le salpêtre se solidifierait dans les pots et il serait besoin d'une seconde fusion pour le couler dans les moules.

---

cristaux purs, et ne renferme par conséquent pas plus de 20 p. 0/0 de matières impures.

(Note de l'auteur.)

Dans les opérations de la raffinerie de Paris, le salpêtre brut ne doit pas donner lorsqu'il est titré un déchet de plus de 12 p. 0/0; au delà de cette limite qu'il n'atteint pas ordinairement, le salpêtre brut n'est pas reçu pour le raffinage. — Le déchet ordinaire est de 7 à 8 p. 0/0 tant sur le salpêtre indigène que sur celui des Indes. — On sait que le salpêtre raffiné destiné à la fabrication de la poudre doit être pur à 1/5000 près. Les opérations de la raffinerie de Paris donnent le plus souvent ce degré de pureté jusqu'à 1/15000.

CARBONISATION DU BOIS.

289. On a déjà fait dans les paragraphes 47, 49, 53 et 54, les observations nécessaires à la carbonisation du bois.

290. Les cylindres employés à la carbonisation du bois dans les poudreries royales sont en fonte, d'une longueur de 6 pieds et de 2 pieds 6 pouces de diamètre. Ces cylindres sont logés dans un massif en briques et portent des tuyaux qui aboutissent à un réservoir destiné à recevoir les produits liquides de la distillation du bois. Ces cylindres sont sans contredit le meilleur appareil pour la carbonisation du bois destiné à la fabrication, et peut-être même ce procédé est le plus économique ; on peut toutefois obtenir encore du bon charbon par d'autres procédés.

291. On a carbonisé quelquefois le bois dans des tuyaux en terre de 9 pieds de diamètre sur 2 pieds de longueur. Ces tuyaux étaient placés dans un fourneau construit avec des briques ; on brûlait les gaz produits par la décomposition du bois ; lorsque le dégagement des gaz cessait, on continuait à chauffer en mettant les tuyaux à l'abri du contact de l'air. Lorsque les tuyaux étaient réfroidis, on en retirait le charbon.

292. Dans la carbonisation en grand les points principaux auxquels il faut s'attacher sont de bien choisir le bois, de l'écorcer avec soin, de séparer tout ce qui est mauvais, d'arrêter l'opération aussitôt que les produits liquides cessent de couler, ou les gaz de se produire. Lorsque les cylindres s'étant refroidis, on en retire le charbon, il faut le porter

dans des étouffoirs, où le charbon doit rester pendant deux ou trois jours pour se refroidir complétement à l'abri du contact de l'air. L'expérience de cette opération répétée deux ou trois fois suffira, avec les indications déjà données à ce sujet, pour mettre un ouvrier intelligent en état de la conduire d'une manière convenable.

RAFFINAGE DU SOUFRE.

293. On emploie pour cette opération, dans les manufactures royales, une chaudière en métal de canon ou de cloche de 2 pieds 6 pouces de diamètre et de 18 pouces de profondeur. Ce sont, à mon avis, les meilleures dimensions. La raison en est que si l'on opère sur une plus grande quantité de soufre brut que celle qui peut être contenue dans cette chaudière, le feu devient difficile à gouverner dans la conduite de l'opération ; de telle sorte qu'une élévation de température peut produire la formation d'acide sulfureux et occasionner un déchet.

294. Je vais maintenant décrire le procédé de raffinage, et il faut se reporter a ce qui à été déjà dit au paragraphe 61. On concasse le soufre brut en petits morceaux et l'on en sépare les parties les plus impures que l'on met de côté pour une autre opération. On conduit doucement le feu et on ne jette la matière dans la chaudière que par petites quantités en ayant soin que la masse soit en fusion avant d'ajouter de nouveaux fragments de soufre. Dans les usines des poudreries royales, on emploie environ quatre heures à opérer la fusion de la quantité de soufre qui peut être contenue dans la chaudière, c'est-à-dire environ 400 kilog. Lorsque la fusion est complète, on cesse de chauffer et on laisse le liquide

se refroidir doucement pendant trois heures. Les écumes qui se forment à la surface doivent être enlevées. On a déjà vu au paragraphe 61, comment le soufre devait être décanté dans des moules ; on reconnaît le moment où cette opération doit être effectuée, lorsque la surface de la masse en fusion présente une apparence semblable à celle de l'eau sur laquelle on a jeté de la poussière ; cette apparence indique un commencement de cristallisation, et c'est à ce moment qu'il faut décanter dans les moules.

295. Le fond de la masse obtenue par la première fusion est généralement très-impur ; il faut donc avoir soin de décanter très-doucement à l'aide de puisoir la partie supérieure de la masse en fusion ; après cela on agite la partie qui est au fond de la chaudière et l'on verse dans un moule à part ; les portions les plus pures de ces *crasses*, qui se séparent par le refroidissement, sont reprises pour être traitées de nouveau comme du soufre brut.

296. Le soufre de première fusion doit être raffiné une seconde fois ; l'opération se conduit de la même manière, seulement il ne se formera plus au fond de la chaudière une quantité de crasse comme dans la première opération.

297. Les crasses de la première fusion et les matières impures qui avaient été séparées dans le triage, sont pesées et soumises ensemble à la fusion et constituent ce qu'on appelle en terme d'ouvrier *le pot noir*. On obtient encore par cette fusion une quantité notable de soufre. L'opération se conduit comme il a été déjà dit en ajoutant la matière jusqu'à ce que la chaudière soit pleine ; à mesure que les impuretés et les écumes montent à la surface, on les relève

sur les bords de la chaudière à l'aide d'un écumoir en fer. Cette opération dure environ huit heures ; lorsqu'il ne se forme plus d'écume, on agite la masse avec le ringard en fer pour la mêler complétement et on la verse dans les moules où elle se refroidit.

298. La partie la plus pure du produit ainsi obtenu est regardée comme du soufre brut et traitée comme tel ; l'autre partie est mise de côté pour être raffinée par *sublimation*.

Note du traducteur. Le procédé de raffinage du soufre indiqué par l'auteur anglais est absolument semblable à celui qui est décrit dans l'ouvrage de MM. Bottée et Riffault, sous le nom de *raffinage du soufre par fusion.* Ce procédé, d'une exécution facile, est surtout applicable dans les cas où l'on n'a point un établissement spécial affecté au raffinage du soufre. Mais lorsqu'on a la ressource d'un établissement de ce genre, le raffinage par distillation donne des produits plus sûrs et occasionne bien moins de déchet.

EXTRAIT DU MANUEL

DE

L'ARTILLERIE ANGLAISE,

PUBLIÉ

Par le capitaine F. A. GRIFFITHS,

SOUS LES AUSPICES

DU GRAND-MAITRE DE L'ARTILLERIE.

POUDRE A CANON.

La poudre à canon est composée de :

75 parties de salpêtre.
10 parties de soufre.
15 parties de charbon.

La poudre de cylindre (cylinder powder) est fabriquée avec du charbon distillé dans des cylindres de fer ; la poudre de fosse (pit powder) est fabriquée avec du charbon préparé en fosse.

La poudre en combustion donne des produits gazeux qui se développent avec une vitesse de 5000 pieds par seconde ; la pression du fluide est environ de 2000 fois celle de l'atmosphère.

Une livre de poudre forme un cube d'environ 3 pouces de côté. Un pied cube de poudre pèse environ 54 livres, et un pouce cube de poudre pèse environ une demie-once.

La poudre à canon est fabriquée en réduisant d'abord en poudre le salpêtre, le soufre et le charbon ; ces éléments sont ensuite mêlés, humectés avec de l'eau, et soumis à la trituration simultanée sous une meule pendant cinq ou six heures, ou jusqu'à ce que le mélange soit aussi intime que possible, car c'est de cette intimité du mélange que dépend essentiellement la force de la poudre.

Lorsque la composition est retirée de dessous la meule, elle est placée sous une presse où l'on en forme des galettes dures d'une épaisseur d'environ un quart de pouce ; ces galettes, sèches ou à peu près, sont brisées en petits fragments à l'aide de maillets de bois et réduites ensuite en grains à l'aide d'un tourteau, aussi en bois, qui les force à passer à travers des tamis percés de trous circulaires d'une dimension déterminée.

La poudre de bonne qualité doit être sans odeur et d'une couleur uniforme approchant de celle de l'ardoise ; elle doit être bien granulée, et les grains ne doivent pas offrir de cohésion entre eux et pouvoir couler facilement d'un vase dans un autre.

Dans la poudre qui a été soumise à l'humidité il se forme des grumeaux ; si l'avarie n'a pas été trop considérable, ces grumeaux peuvent être réduits en séchant de nouveau la poudre dans une étuve à air chaud et en époussetant ensuite les grains. Mais la poudre ainsi radoubée ne reprend jamais sa force primitive.

Pour éprouver la poudre, placez un dram (4 gr. 771) sur une feuille propre de papier à écrire, et enflammez par le sommet le petit tas ainsi formé, à l'aide d'un fil de fer rouge ; si la flamme s'élève rapidement avec une explosion bien nette, si le papier ne porte ni taches blanches, ni petits trous, on peut en conclure sans crainte de se tromper que les éléments constitutifs de la poudre étaient purs et que la fabrication en est bonne.

La poudre de bonne qualité brûlée sur une plaque de cuivre polie ne doit laisser ni taches ni résidu.

La poudre exposée pendant 17 ou 18 jours à l'influence de l'atmosphère ne doit pas augmenter de poids d'une manière notable. Cent livres de poudre ne doivent pas absorber une quantité d'humidité qui élève leur poids de plus de 12 onces; si cette augmentation va jusqu'à un pour cent, la poudre doit être rejetée.

La force de la poudre est estimée rigoureusement à l'aide de l'éprouvette pendule. Cette éprouvette consiste en un petit canon en cuivre suspendu sur un axe comme un pendule. Les oscillations de cette éprouvette tirée à petites charges donnent un moyen facile de déterminer la force de la poudre.

DESCRIPTION DE L'ÉPROUVETTE.

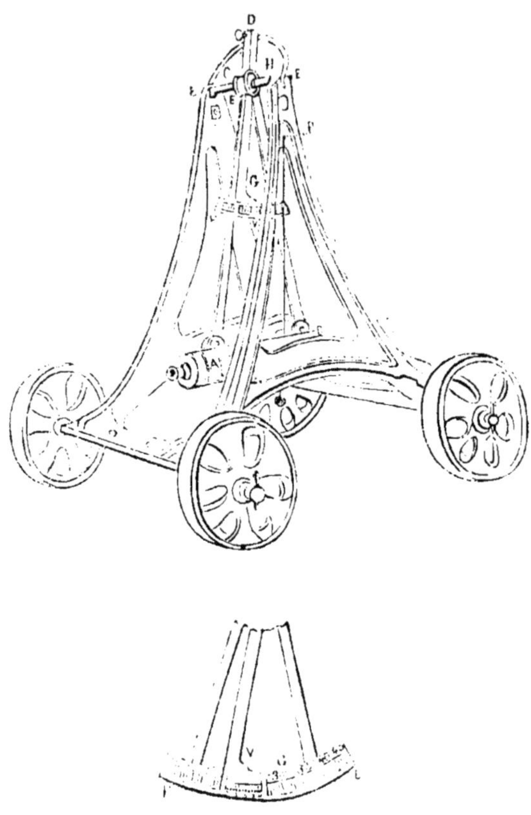

Un canon en cuivre AB est suspendu par deux barres ou tiges CA, CB de manière à pouvoir osciller autour d'un axe horizontal EE. Un arc de cercle gradué en cuivre est fixé aux tiges CA, CB et porte un index V fixé à l'axe en H; le limbe DH attaché à l'index l'empêche de se mouvoir dans la direction du recul, et par conséquent l'arc glisse sur lui pendant le premier mouvement du pendule ; la pression de l'index sur les tiges de suspension est telle, que n'étant pas suffisante pour empêcher le recul, l'index puisse rester pourtant à la place où il a été poussé et marquer ainsi l'amplitude de la plus grande oscillation. Pour opérer avec l'éprouvette canon d'une demi-livre de calibre il faut observer les précautions suivantes :

1° Le cadre affût qui supporte l'éprouvette doit être placé sur un plan horizontal à l'aide d'un fil à plomb suspendu en P.

2° Les roues doivent être calées, pour éviter tout mouvement dû aux oscillations du canon lorsqu'il est tiré.

3° Deux onces de la poudre à éprouver doivent être pesées avec exactitude et placées dans la lanterne qui doit être soigneusement introduite jusqu'au fond de l'âme de l'éprouvette ; on soulève alors la bouche de manière à donner à la pièce une inclinaison de 45° pour que la charge arrive bien jusqu'au fond.

4° L'éprouvette étant placée horizontalement et au repos on porte à l'aide de la vis l'index au 0 du timbre ; et une étoupille d'une composition rapidement inflammable étant introduite dans la lumière, on y met le feu.

L'arc de la plus grande oscillation est noté exactement en degrés et dixièmes de degré. L'épreuve est répétée trois fois en Angleterre ; cinq fois en Irlande et dans les possessions anglaises ; le résultat moyen donne la valeur comparative de la force des diverses poudres. Ces résultats sont ordinairement,

Pour la poudre à gros grain de fabrication récente, un arc de 21° ;

Pour la poudre à gros grain radoubée, rentrée en magasin et considérée comme propre au service, 20° 5;

Pour la poudre à grain fin de fabrication récente, 26°;

Pour la poudre radoubée à grain fin de fabrication récente, 24°.

5° Si dans le courant des épreuves le zéro du limbe ne correspond plus avec celui de l'index comme il est indiqué au n° 4. Cette coïncidence doit être obtenue en avançant ou reculant l'éprouvette, mais en aucun cas on ne doit toucher la vis de l'index après le premier coup.

6° Il est de la plus haute importance de tenir propres et bien huilés les coussinets et le couteau de l'axe, de manière à obtenir le plus possible l'uniformité de frottement. Il est par suite convenable de faire osciller pendant quelques secondes l'éprouvette, lorsqu'elle est en place et ajustée pour tirer, afin de s'assurer avant l'épreuve que toutes les parties de l'appareil fonctionnent bien.

7° L'éprouvette doit être tirée immédiatement après avoir été chargée.

8° L'éprouvette doit être soigneusement écouvillonnée après chaque coup ; et après l'épreuve d'un échantillon de poudre elle doit être lavée à l'intérieur et à l'extérieur, avant d'éprouver un autre échantillon.

MARQUES DES DIVERSES QUALITÉS DE POUDRE.

Les diverses qualités de poudre sont désignées par les marques suivantes placées sur le fond des barils :

L. G. — large grain.   Marquée en rouge.
F. G. — fin grain.   id.

Rifle-armes.

R. A. — Pour armes carabinées.
L. G. — large grain.   Marquées en blanc.
F. G. — fin grain.   id.
R. S. — Poudre radoubée.

Les marques rouges indiquent les poudres de qualité supérieure.

Les marques blanches celles de qualité inférieure destinées aux saluts, etc.

BARILS DE POUDRE.

Les barils de poudre ont des dimensions telles qu'ils peuvent contenir 100 livres de poudre et les demi-barils 50 livres ; mais dans le service les premiers ne renferment que 90 livres et les seconds 45.

Dimensions des barils de poudre.

	BARILS de 100 livres.	BARILS de 50 livres.	BARILS de 25 livres.
Longueur intérieure.	20 po. 1/2 ou 519^{mm}.	16 po. 3/4 ou 424^{mm}.	14 po. ou 554^{mm}.
Diamètre aux bouts.	15 po. 1/2 ou 592^{mm}.	12 po. 1/4 ou 510^{mm}.	9 po. 1/2 ou 240^{mm}.
Diamètre au bouge.	16 po. 3/4 ou 424^{mm}.	13 po. 1/4 ou 555^{mm}.	10 po. 1/4 ou 260^{mm}.

BUDGE-BARRELS OU BARILS DE BATTERIE (1).

Poids des barils cerclés en cuivre 40 livr., cerclés en noisetier 6 livr.

Longueur des barils.	10 po. 1/2 ou 266^{mm}.	Chaque baril contient
Diamètre.	15 po. ou 528^{mm}.	58 livres de poudre.

(1) Les budge-barrels contiennent de 40 à 60 livres de poudre ; à l'une des extrémités est fixée, avec des clous de cuivre, une poche en cuir ; ces barils sont employés dans le service ordinaire des batteries pour le chargement des canons et mortiers, afin de préserver la poudre d'une inflammation causée par accident.

CAISSES OU BOITES POUR CONTENIR LA POUDRE EMPLOYÉES A LA PLACE DES BARILS.

DIMENSIONS extérieures.	CAISSE ENTIÈRE.	DEMI- CAISSE.	QUART DE CAISSE.
Longueur.	16 po. 3/4 ou 424^{mm}.	13 po. 1/4 ou 335^{mm}.	10 po. 1/4 ou 260^{mm}.
Largeur.	16 po. 3/4 ou 424^{mm}.	13 po. 1/4 ou 335^{mm}.	10 po. 1/4 ou 260^{mm}.
Profondeur.	20 po. 1/2 ou 519^{mm}.	16 po. 3/4 ou 424^{mm}.	14 po.

Ces caisses sont reliées avec des bandes en cuivre et garnies à l'intérieur d'une feuille d'étain.

FIN.

TABLE DES MATIÈRES.

	Pag.
Préface.	5
SECTION I. — Parties constituantes.	11
SECTION II. — Pureté des matières.	17
Salpêtre.	17
Charbon.	25
Carbonisation.	28
Carbonisation en cylindres.	35
Objections à la carbonisation en cylindres.	38
Recommandations pratiques.	42
Soufre.	45
SECTION III. — Proportions.	49
SECTION IV. — Manipulation.	52
Pulvérisation.	52
Mélange ou composition.	53
Trituration.	54
Grenage.	66
Compression et lissage.	70
Avantages de ces procédés.	72
Inconvénients.	74
Séchage.	77
Embarrillage ou enfonçage.	79

	Pag.
SECTION V. — Combustion de la poudre.	82
Densité.	84
Grosseur du grain.	86
Vent.	87
Instruments d'épreuve.	89
Manière de charger.	91
Poudre.	92
Observations.	94
SECTION VI. — Essai des poudres.	97
Définitions.	101
Éprouvettes verticales.	105
Mortier éprouvette.	107
Pendule éprouvette.	110
Mortiers ordinaires.	112
Épreuve à la carabine.	120
Inflammation de la poudre.	121
Remarques.	122
SECTION VII. — Remarques sur la fabrication.	132
SECTION VIII. — Observations sur l'épreuve des poudres.	139
SECTION IX. — Appendice.	149
Raffinage du salpêtre.	149
Carbonisation du bois.	153
Raffinage du soufre.	154
Extrait du Manuel du capitaine Griffiths.	157

www.ingramcontent.com/pod-product-compliance
Ingram Content Group UK Ltd.
Pitfield, Milton Keynes, MK11 3LW, UK
UKHW021632170726
13836UKWH00005B/2166